~ MENSCH, DECKRAIL, PLATTSCH' ~

Nachwort

Alle Wörter in Ihrem neuen Buch, das Sie hoffentlich in Händen halten und ordentlich rezyklieren werden, sind richtig geschrieben.

Dass das „S" fast aussieht wie eine ‚fünf' ist die Schwäche der verwendeten Schriftart „Exo 2": Ich distanziere mich von allen Schriftarten!

Alle Einnahmen dieses Buchs kommen allein dem Autoren zugute. Jeder Aufenthal selbst profitiert nicht. Jeder Aufenthal ist ein freundlicher, friedlicher Zeitgenosse, der zwar schreiben kann, aber am Liebsten all seine Zeit an Bord eines Schiffs und dort an der Reling verbringt.

Allerdings läuft das Schiff nicht aus...

SCHRIFTART:

Sans Serif, abrufbar unter
»https://dejavu-fonts.github.io/« , eine Auflistung deren Macher ist gegeben unter
»https://dejavu-fonts.github.io/Authors.html«,
die Lizenz dazu unter
»https://dejavu-fonts.github.io/License.html«.
Die Urheberschaft ist mit dem Jahr 2003 verknüpft angegeben.
Ich hoffe, Sie können sie gut lesen.

KNÜSTERL':

~ Jeder Aufenthal ~

KÜNSTLICHE-INTELLIGENZ-VERWENDUNGS-UNTERSAGLICHKEIT:

Automatisierte Analysen dieses Werkes sind nicht gewünscht respektive mit Hinweis auf geltendes Recht untersagt, auch wenn dadurch nur Informationen über Muster, Trends und Korrelationen gemäß §44b UrhG („Text und Data Mining") gewonnen, gespeichert, aber nicht verarbeitet werden sollen.

Dem entgegenstehende Vorhaben können Sie bis auf weiteres JederAufenthal@posteo.de mitteilen.

BIBLIOGRAFISCHE INFORMATION DER DEUTSCHEN NATIONALBIBLIOTHEK:

Die Deutsche Nationalbibliothek verzeichnet diese Publikation in der Deutschen Nationalbibliografie; detaillierte bibliografische Daten sind im Internet über http://dnb.dnb.de abrufbar.

UMSCHLAGGESTALTUNG: Ich, ganz alleine

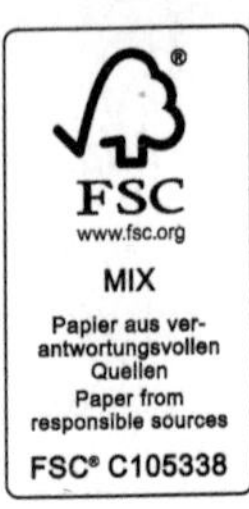

Ich;

Mann, Reling, Bord

PREIS: IN EURO € 19,77; TASCHENBUCH

URHEBER: Martin Ehrhardt, Rheinland-Pfalz
(das muss man dazuschreiben und Künstlernamen
haben etwas sakrales an sich. Sie dürfen »Jeder
Aufenthal« als Künstlernamen verwenden, aber die
Todesumstände des Jeder Aufenthal dürfen Sie nicht
aufschreiben, das muss der Erfinder eines
Künstlernamens machen, nämlich Ich)

HANDWERKLICHES UND KAUFMÄNNISCHES (M/W/D) :

Verlag: BoD · Books on Demand GmbH,
In de Tarpen 42, 22848 Norderstedt, https://www.bod.de

Druck: Libri Plureos GmbH, Friedensallee 273,
22763 Hamburg

INTERNATIONALE STANDARD-BUCHNUMMER „ISBN":

978-3-7693-0830-3

ZWEITE, OPTIMIERTE AUFLAGE \ DRUCK AUF ANFRAGE

Speisekarte

Raum für die Lesendennotiz:

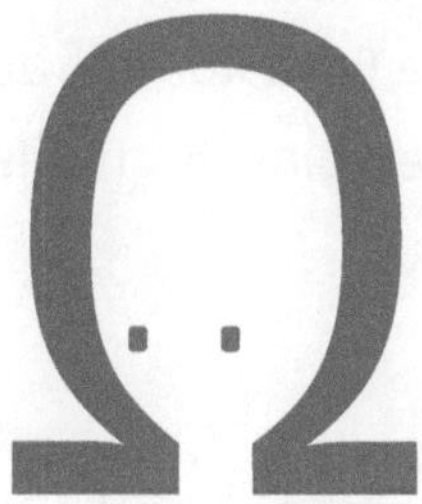

(Häuptling blinkender Cursor verfolgt den Textfluss)

Anbei, gar umseitig meine Notizen:

Hier an Deck des Schiffes ist's schön licht. Partout stehen bunte Rettungsringe an die Fußböden gelehnt und die Bordwände leuchten vor Glück. Eine fremde Frau kommt auf mich zu und stiehlt mir mein Sektglas. Nichts ist so, wie ich es mir vorstelle.

„Auf Wiedersehen" brülle ich in mich hinein; „Sie wollen mir gerne ein volles Sektglas wiederbringen", flüstere ich ihr ins Ohr als sie an mir vorbeigeht.

Die fremde Frau ohne Namensschild steht direkt vor mir, als ich sie nach ihrem Namen frage, den sie nicht zu kennen angibt. „Sie müssen noch das Schiff taufen", sagt sie und händigt mir eine Flasche '89er Mauerfallchampagner aus, „aber die Situation sei schade um den Sekt."

Mit klerikalem Habitus schleudere ich die Flasche über die Reling und rufe „daneben!". Der Sekt fällt in's Wasser und ein Blick an Deck bestätigt den Erfolg der Aktion, wo Maschinisten in blauen Latzhosen neue Klebefolien an den Bordwänden der MS daneben anbringen. Tatsächlich erscheinen die Maschinisten wie in einem Cartoon mit kleinen Rändern um die Konturen und ohne Schattierung der sie umgebenden Flächen.

Mit Blick auf das monströse Hafengelände tippele ich auf der Stelle. Mein Blick schweift nüchtern über die Anlagen, die gestapelt sind wie kleine Container in Hafengebäuden, auf denen die Flagge der Seestreitkräfte der Deutschen Demokratischen Republik weht.

Das Haupt Meiner ziert eine amerikanische Baseballmütze aus dem Jahre 2024, die per Zeitschaltuhr bereits in das Jahr 2045 gereist war und erschöpft wieder zurückkehrte.

Ich lerne, wie man an der Reling steht und entnehme einer spontan auftauchenden Zigarettendose das Mikrofon, über das ich fortan spontan Durchsagen an das gesamte Schiff sende:

„Sehr geehrter Herr Kapitän, die ‘MS daneben’ befindet sich genau im Hafen und ich bitte Sie, nun endlich zu sinken. Wir haben schließlich viel

Geld bezahlt.“

Um das Statement zu unterstreichen entnehme
ich meinem Sakko ein Bündel diverser Devisen
und werfe sie über Bord. „Jetzt sofort sinken!“, fü-
ge ich an.

Ein Zylinder des Schiffsmotors steht neben weiteren Zylindern unter einer großen Welle, die außerhalb des Schiffes beständig angeliefert wird und
ist im Grundriss rund, aber im Querschnitt nicht.

Wird Wasser an Bord gepumpt, dienen die Zylinder als Lagerraum: Die Gäste kippen ihre mit Seewasser gefüllten Sektgläser in die Zylinder, von
wo aus sie dann auslaufen. Manchmal werden Zylinder bei Feierlichkeiten an Bord benötigt, beispielsweise bei einem Maschinenschaden.

Der falsche Passagier an Bord der „MS daneben“
ist nicht etwa eine Person ohne Fahrschein, sondern diejenige, die eigentlich am wenigsten mit-

fahren wollte, aber der Gruppenzwang gebietete[1]
es nunmal. Dass der falsche Passagier direkt neben mir, auf der anderen Seite der Reling stand,
verwunderte mich nur ein wenig. Eine alte Englischlehrerin bereitete ihren Unterricht vor und
mit der anderen Gehirnhälfte, die sie an Bord ge-
lagert hatte, korrigierte sie Duplikate alter Shake-
speare-Handschriften.

Ihr Erscheinungsbild ist transparent, die Deckkraft
liegt wohl bei etwa 50 Prozent: man kann durch
sie hindurchsehen, und sobald ich das tat, verschwand sie auch wieder. Ich bat sie, die Sektfla-
sche aus dem Hafenwasser zu fischen und ließ sie
in einem Rettungsring auf der Brücke verschwin-
den. Von dort unten konnte sie den Untergang
gut mitbekommen.

Der Kapitän grüßte die Englischlehrerin, die plötzlich wieder hinter mir auftauchte und sah durch
seine Uniform hindurch, dass seine Gänsehaut einem Robbenfell wich, was das Zeichen für ihn
war, sofort den Reifendruck zu überprüfen. Dafür
schickte er seinen ersten Offizier in den Maschi-

---

1 Volle Absicht

nenraum, um Kohle in die Zylinder zu schippen,
die dafür vor jeder Explosion auseinandergebaut
und aufwändig wieder zusammengesetzt werden
mussten.

Der Offizier erhielt dafür später eine Minute Ur-
laub, die vom Typ am Tresen bezahlt wurde und
durch die Gallionsfigur mit einem sanften Lächeln
quittiert ward'.

ERSTE ZÄSUR

Das Hafenbecken hat einen Promillewert.

Das Wetter über der »MS daneben« war immer schlecht, außer es war gut, dann wurde es schlechter: Regen bis der Pool an Deck gefüllt war, dann trockene Hitze bis die Sektgläser ausgetrocknet waren, dann wieder Regen, bis der Pool gefüllt war.

Die Matrosen besangen jedes Gewitter, das die MS daneben, hier im Hafen, heimsuchte. Dafür suchten sie die Leuchtraketen, entnahmen Sie ohne Anweisung des Kapitäns auf Grundlage eines angeblichen Notfalls, den sie sich heimlich gegenseitig bestätigten und verfolgten sich damit. Manchmal schoss ein Matrose in die Höhe.

Da ich, der Protagonist des Werks[2], wieder an Deck stehe, entdecke ich meinen Willen, wieder an Deck zu stehen.

ZWEITE ZÄSUR

Ich stehe an Deck, weil ich an Deck stehe.

---

2 In einer früheren Version des Texts war absichtlich falsch „Wercks" notiert.

Die Klimaanlage verdrängt das warme Wetter, ich schalte sie ein und das Wetter verschwindet. Hier an der Reling habe ich eine gute Einsicht in das Leben unter Bord. Wann immer die Schotten passiert werden, das sind auch Türen in einer Bordwand, pfeife ich ein kleines Lied in der antizipierten Nationalsprache.

Bevor mir das Abendessen gebracht und über die Reling hinweg entsorgt wird, stehe ich mindestens zwei weitere Minuten an der Reling und denke über die Eigenschaften der Reling nach.

DRITTE ZÄSUR

Die Reling hat Eigenschaften.

Bei Einlasskontrollen sind die Fakten eindeutig; haben Sie ein Ticket für die Reling, dürfen Sie an der Reling stehen. Fehlt Ihnen aber das Ticket für die Reling, brauchen Sie ein Ticket für die Reling, das Sie nicht an der Reling erhalten können, außer Sie stehen bereits an der Reling.

Andernfalls sind Sie gebeten, fernab der Reling ein Ticket für die Reling zu erwerben, wofür Sie Geld brauchen. Haben Sie keines, können Sie Einlasskontrolleur für die Reling werden. Die Reling ist dann für Sie auch nicht zugänglich. Oder Sie wenden sich an die ErfinderInnen von Kryptowährungen oder an die europäische Zentralbank. Dort wird das hiesige Geld in seiner Gestalt gelegentlich erneuert.

Wie auf dem Dorf also: wenn Sie einen Stammplatz in der Kirche haben, haben Sie einen Stammplatz in der Kirche; wenn aber Sie keinen Stammplatz haben, brauchen Sie eine Kirche, sodass Sie darin einen Stammplatz haben können. Sie müssen also Ihren Stammplatz, den Sie nicht haben, gegen Kenntnisse im Kirchenbau tauschen, was ganz einfach ist: dafür brauchen Sie nur an die Reling zu stehen.

Wer auch immer sich für einen Untergang im Hafen entscheidet, hat zahlreiche Vorbereitungen zu überwachen: Ein Eisberg muss hergebracht werden, der über Jahre an Bord schmilzt und elektrische Kontakte korrodieren lässt. Die Bordbar muss leergetrunken und mehrmals über die Reling erbrochen werden.

Sobald das Navigationsbesteck zum Erlegen eines Hirsches, der am neu entstandenen Schiffswald per Schnellevolution entstand, umgewidmet werden konnte, kann der Untergang beginnen; allerdings ist die Umwidmung von Navigationsbesteck nur auf hoher See zulässig. Also muss der Hafen überflutet werden, sowie angrenzende Landflächen, sodass das Schiff fünfzig Seemeilen fernab aller Länder ankert. Dann wird das Navigationsbesteck umgewidmet. Sobald der Hirsch noch nicht weggeschwommen ist, kann dann der Untergang beginnen.

Die MS daneben aber wäre nicht die MS daneben, wenn sie nicht spontan Landmassen aufschütten könnte, auf denen ein Naturschutzgebiet ausgelobt werden kann, wohin der Hirsch fliehen darf. Dafür lagert die MS daneben Sand in jeder Kajüte, direkt hinter der Türe im Teppich, sowie als Matratzenfüllung. Der Sand wird gesammelt, mit getrocknetem Salzwassersalz ersetzt und per Polonaise zu einem Förderband geschafft, worauf der Sand eingelagert wird, bis eine steife Brise ihn von Deck bläst, bis zum Grund aufschüttet und so eine natürliche Landmasse errichtet. Optional helfen Asteroiden und Vulkanausbrüche bei der Landgewinnung.

Hafenrundfahrten können keine gebucht werden, außer Sie bringen ein Schlauchboot mit einem Außenbordmotor mit, dann dürfen Sie dem Entertainer an Bord dabei helfen, die Gegend zu erkunden und seine Gedanken anhören, während Sie in Ihrem Schiff warten: Eine Audienz auf Hafenwasser zwar, aber immerhin auch auf Ihre Kosten! Das ist insofern okay, als dass Sie hernach zu einem auf den Kopf gestellten Kirchenschiff zurückkehren.

Vierte Zäsur

Es sind mehrere Schiffe, die sind aber
verschieden orientiert. Nur manche fliegen
stur gen' Himmel.

Jeder Versuch wird anstandslos durchgeführt und als Erfolg verbucht, insbesondere die Innenein-richtung der Reling betreffend. Nun, da man an der Reling stehend auch von Deck blicken kann, in Richtung Hafengelände oder zur Brücke und zum Kabinenaufbau für die luxuriösen Suiten und Restaurants, vermisse ich die Fähre zwischen den beiden Sprungbrettern im Pool „Wassernass", der auch an der Reling mit seinem Namen ausgeschil-dert wird. Und da wird man sich als aufmerksa-mer Fahrgast gerne daran erinnern lassen, wo der Pool ist; nur leider achtete man darauf, stets in die falsche Richtung auszuschildern. Deshalb landen viele mit ihrem Handtuch im Maschinen-raum. Und da kann man höchstens mit anpacken.

Eine metallische Reling ist ganz schnell beschrie-ben: Sie verhindert, dass Menschen die Laufflä-che oberhalb des Schwimmkörpers verlassen kön-nen oder müssen.

Bevor aber der nächste Präsenztermin über die online-Option des Sektglases der fremden Frau erfolgt, muss der Fahrgast an der Reling, ein älte-rer Herr mittleren Alters, der jung ist wie ein Acht-

zehnjähriger, komplexe Aufgaben an einem We-
cker lösen, damit er ihn nicht wieder abstellen
kann.

Hier an der Reling ist immer Bewegung: entweder
es passiert nichts - was völlig neu ist in der Ideen-
geschichte unseres Planeten - oder aber es wird
eine Kreuzfahrt vorbereitet. Denn auf eine Kreuzfahrt folgt stets eine neue Kreuzfahrt. Und da
wird dann natürlich auch mit Trumpf und Joker
um Geld gespielt.

Die Seekrankheit an der Reling hängt vom See-
gang ab, anders als auf der Brücke oder im Maschinenraum, wo sie vom Maschinenraum bezie-
hungsweise der Brücke und von der Sprechver-
bindung zwischen beiden Räumen abhängt. Die
einzigen Wellen, die bei einem angetauten Schiff
relevant sind, sind solche, die die Wasserschutz-
polizei und den Zoll betreffen:

Wird gegen die Produktion von Holstern gestreikt,
müssen die BeamtInnen ihr Schießeisen in Händen halten, während Kontrollen durchgeführt werden. Das Schiff sinkt spontan und taucht wieder
auf: das Hafenbecken ist tiefer als der Tiefgang

des Schiffs.

WIEVIELTE ZÄSUR

Das Mitzählen ist zwar gestattet, aber es
stört beim Nachdenken.

Die MS daneben ist ein nasses Schiff mit Anker, das im Hafen liegt und auf eine Ausfahrt vorbereitet wird. Die Taue liegen an den metallischen Pylonen spezieller Form und bewirken die Stationarität des Schiffs, die leicht aufgehoben werden kann, indem die Taue recycelt werden. Dafür werden sie von einer Vertreterin der Reederei als abgeschrieben definiert, von einer Fachkraft für Recycling als Wertstoff deklariert und von einer Firma für Vertäuungsgegenstandproduktion in situ herbeigezaubert. Dadurch konnten die Kosten für's Vertäuen und Ablegen drastisch gesenkt werden. Solche Vorgänge werden permanent der MS daneben angelastet, aber dennoch von anderen Reedereien imitiert.

Es ist nicht möglich, sich bezüglich der Frage nach dem Borden an Flughäfen zu orientieren. Formalitätisch schon, klar, aber die anfahrbare Treppe ist sowohl am Flughafen als auch hier im Hochseehafen nicht für Esel geeignet, was aber nur an Hochseehäfen per Beschilderung angezeigt wird. Der durchgestrichene Esel wird begleitet von einer Sprechblase des Inhalts „An der Reling bitte nicht anlehnen, ok bro?!". Das Grau des Esels orientiert sich dabei weniger am typischen

Straßenbelag als an der Farbe des Mondes, wenn der zu circa einem Drittel sichtbar ist und hoch über dem Gestirn steht.

Hier an der Reling wird manchmal gestrichen, dabei werden alle metallischen Teile der Reling mit Hilfe von Farbe geschönt, aber nicht ohne Farbfächer, der im Rettungsring liegt wie ein Abiturient in seiner Hängematte: würden Sie sich einen Livestream ansehen, in dem ein Abiturient oder gar eine Abiturientin in einer Hängematte liegt?

Die Reling ist der einzige Ort an Bord, an dem man sich wirklich ruhig aufhalten kann - neben dem Krankenzimmer, dem Kühlhaus für Verstorbene, der Bordbank und im Maschinenraum natürlich. Auch im Restaurant am Tisch des Kapitäns geht es meist ruhig zu, wenn nicht gerade ein Oligarch mit einem Kapitalisten streitet, wobei der Kapitän der Kapitalist ist und der Oligarch der Kapitän werden will. Deshalb muss man einen ruhigen Platz stets genießen, solange das möglich ist.

Die Reling ist ein ruhiger Ort mit vielen Möglichkeiten. Beispielsweise kann man sich mithilfe der Reling an der Reling festhalten, genaugenommen ist aber auch das nicht gestattet, siehe weiter vorn im Text: „An der Reling bitte nicht anlehnen, ok?".

Die Bordbibliothek enthält blaue Bücher und solche, die Seefahrtabenteuer thematisieren. Das begeistert nicht nur FarbenthusiastInnen, sondern auch den kleinen sturen Franzosen, der stets darin weilt und sich der geselligen Ruhe erfreut. Man erkennt ihn an der Trikolore, mit der er sich eine Wunde an der linken Faust verband, die entstand, als er wegen eines versehentlich liegengelassenen roten Buches die Sicherheitsscheibe des Feueralarms einschlug. In der Bibliothek gefangen, schaffte er es nie in den Ambulanzbereich; des lateinischen mächtig wäre es für ihn auch nicht möglich gewesen, dort hinzugelangen. Ein Matrose stellte einmal die Vermutung an, dass so der rote Teil der Trikolore entstand, dass nämlich das blauweiße Taschentuch mit Blut getränkt eben sich verfärbte; im Eilverfahren vom französischen Konsulat an Bord zur Trikolore geweiht ist nun eben die Trikolore Bestandteil der Bordbibliothek: "ich kann sie nicht vermissen", sagt der unfreiwil-

lige Bibliothekar und legt dem Mann an der Reling
ein Buch in die Hand, das dieser versehentlich
über Bord wirft und einfach fallen lässt. Die Buch-
staben purzeln aus den Seiten, verteilen sich, ein
bisschen wie Schrot, über dem Wasser, in das
auch das sie getragen habende Papier hinein-
plumpst. Eilig wird ein neues Buch herbeige-
schafft, als Werk des Teufels verunglimpft und
der Autor gesucht, verhaftet und zum Poolreini-
gungsservice abkommandiert. Seither sucht der
Autor den Pool, auch um sich wegen der aufwän-
digen Suche abzukühlen: 200 Schritte erlaubt er
sich noch pro Stunde, mehr würden zu Überhit-
zung führen und irgendwer muss ja das Sieb am
Pool, den Pool und die Umgebung des Pools reini-
gen.

Die im britischen Englisch auch „Spektakel" ge-
nannten Brillen der Fahrgäste werden zu Beginn
der Fahrt konfisziert und während der Fahrt wieder versteigert. So wird der Umsatz des bordeigenen Optikers erhöht: „Sie wünschen eine Anpas-
sung der Seestärke? - Kein Problem - Dürfte ich
auch das Gestell an Ihre Bedürfnisse anpassen?".

Die Malereien, die die einfarbig gestrichenen
Bordwände überdecken, dienen bei Anlandungen

an die Museumsinsel als Camouflage. Aber das Schiff liegt hier im Hafen, es läuft nicht aus, da es von innen her dicht ist und bedarf einzig des Segens eines Geistlichen, der an Bord eine eigene Kapelle unterhält. Wer die Kapelle betritt, läuft Gefahr, von maskierten TäterInnen, die beständig Tabak rauchen, überwältigt, zu Boden gedrückt[3] und zwangsgeimpft oder anderweitig gekränkt zu werden. Zweiundzwanzig Mal wird pro Tag die heilige Messe gefeiert: 8:30, 9:00, 9:30, 10:00, 10:30, 11:00, 11:30, 13:30, 14:00, 14:30, 15:00, 15:15, 15:45, 16:15, 16:30, 17:00, 17:30, 17:45, 18:00, 18:05, 18:10, 18:15.

Das einzige Geräusch, das den Aufenthalt an Bord verunbequemlicht, ist das Quietschen der Reifen bei der Abfahrt. Pontons befinden sich unter Deck, auf Ebene 2, achtern, man muss den Steuerbord-Flur entlanggehen, bis zu einem Raum, in dem Pontons schon beim Bau des Schiffs eingelagert wurden, weil sie weder durch die Flure, noch durch die Treppenhäuser passen.

---

3 Das moderne „gekreuzigt, gestorben und [...] >

SECHSTE ZÄSUR

Pontons sind relevant für Schiffe und für Kreuzfahrten.

Oft ist die Reling daran interessiert, mehrere Sinneskanäle anzusprechen, einige Matrosen aber haben sich daran gewöhnt, die Reling zu filmen, zu beobachten oder Pläne für eine Verwendung nach ihrem Ableben[4] anzustellen. Beispielsweise wird der Bau von Panzern antizipiert oder aber sogar ein neuer Anker in Form einer großen Reisschüssel und der Bau von Umkleidekabinen vorgesehen, die an Stelle der Rettungsschiffe angebracht werden.

Überwachung findet hier an der Reling insofern nicht statt, als dass die Matrosen, vor allem jene, die der Vereingung „Junge Nutzmetapher" angehören, einfach die Gewohnheiten der Vereinigung „alte Nutzmetapher" übernommen und rechtfertigt haben. Deshalb findet die Überwachung von anderen Häfen aus statt, in denen sich „geile Nutzmetapher"- und „nachdenkliche Nutzmetapher"-Vereinigungen unterschiedlichster Namen herausbildeten.

Das geschäftige Treiben an Bord eines Schiffes kann nirgends besser beobachtet werden als an

---

4 Das ist ein klassischer Anemismus und zwar an den Sicherheitseinrichtungen, das kann man mit Gewissheit festhalten.

der Reling. Ist die Reling mit vielen Menschen be-
stückt, kann auf eine gute Witterung geschluss-
folgert werden; ist sie aber Seelen-leer, liegt entweder ein notwendiger Landgang vor oder aber
es regnet stark bei Kälte und diesem, was „Wel-
lengang" genannt wird: Ein Schiffsdeck ist niemals deshalb leer, weil das Schiff Pause macht.
Entweder, die Reederei tauscht das Personal aus
oder das Schiff ist in einem Dock. Untergänge finden nicht statt. Außer im Hafen.

SIEBENTE ZÄSUR

Das Untergehen ist Schiffen nicht
untersagbar.

So Kinder und nach der Schule lassen wir euch von Horvaths „Jugend ohne Gott" betreuen.

Die Entscheidung, der einzigen Partei beizutreten, deren Name mir einleuchtete, dauerte fast mein ganzes Leben an Deck der Reling mit dem Bord: Die selbstverfreilich alkoholfreien Alkoholmisch-getränke, die fremden, beeindruckten Personen, der alte Chemiker, der mir von seinem Tanz mit den Behörden erzählte, der aber eigentlich ein Kampf war und nicht lachen wollte. Der komplette Rücken war voller Schrammen, die mit einer Zahl verknüpft wurden. Achtzehn, das Bild des völlig eingekerkerten[5], ausgeschlossenen[6], aber mit einem selbstherrlichen Sinn versehenen, Zweck bedachten, für jenen niemals verständlichen Zweck hat bereits sein möglichstes[7] getan, nämlich für sich selbst gesorgt: Die Eigenheit, sich zu seinesgleichen zu gesellen war nämlich vor der Industrialisierung gesellschaftlich akzeptierter Konsens, der von der nun folgenden Geschichte abgelöst wurde:

---

5 Eingekerkerten

6 Ausgeschlossenen

7 Möglichstes

„Meine Knochen sind mürbe von der Ausbeutung, die mein Körper erfährt und von den Angriffen, die er abwehren will und von den Opferungen, die man sich auf beiden Seiten des Flusses zugestehen will." Solange aber an der Reling ein Platz für mich ist, werde ich diesen nicht preisgeben. Im Gegenteil, „die Errungenschaften der Sozialdemokratie gelten an wie unter Deck gleich, nur ist die Frage, ob man von außerhalb der Metapher davon Gebrauch machen darf - und kann von immenser Bedeutung für den Spießer an Deck sein", sagte ein Reiseführer, der eine tschechische, eine russische, eine österreichische, eine frankophone und eine britische Reisegruppe über das Kreuzfahrtschiff führte. Er kollidierte mit einem irischen Reiseführer, der sich selbst über das Deck führte und anderen davon über sein internetfähiges Sektglas berichtete.

An dieser Stelle mit der Stirn also hatte ich einen super nervigen Schmerz, weil ich mich körperlich überlegenen Personen mit großen brummenden Waffen beugen musste: „Wann immer Sie einen Plan haben, müssen Sie diesen an Bord und abseits von ‚an Bord' eines Kreuzfahrtschiffes aussprechen und werden das auch tun.", sagte der irische Reiseleiter zu einem amerikanischen Unternehmensberater, den er über sein Armband auf's Ohr geschaltet hatte. Aber das lenkt alles nur ab von der Perpsektive, die man nur von der Reling eines Schiffes aus genießen kann.

„Ohne Sektglas aufzuwachsen, war schwer für mich, also antizipierte ich das Verhalten anderer und beschuldigte sie meiner paranoiden Ängste, um derer mithilfe meiner beiden Richtungen „Back-" und „Steuerbord" zuhause habhaft zu werden.", erläuterte der irische Reiseleiter über eine Lautsprecheranlage weiter, die aber plötzlich ausfiel. „Einen habe ich kopfüber in einen Topf voll Geld stecken lassen, der vom bayerischen Landratsamt Nordschlesien beständig mit Schwarzgeld und Münzen gefüllt wird. Ein weiterer muss in der letzten verbliebenen Monarchie auf diesem Planeten Longdrinks mischen und ein weiterer baut antriebslose autonome Maschinen ohne Steuereinheit in der sächsischen Schweiz. Von dort aus migriert jener regelmäßig nach Rumänien, um sich als neuer Heiland vorzustellen und spielt dann mit Ameisen am Strand fangen.", ergänzte er durch lautes Brüllen.

„Der Weisheit letzter Schluss, der stets dem jüngeren angelastet wird, kontextualisiert man die eigene Konsideration bezüglich der neu-europäischen Auslegung des kategorischen Imperativs, ist insofern mit einer semipermeablen Membran vergleichbar, als dass eine einmal geäußerte Tatsache nicht mehr revidiert werden kann, außer man befindet sich an der Reling oder in einem leeren Raum mit unendlicher Ausdehnung und immateriellen Grenzen", erläuterte der irische Reiseleiter rückwärts laufend einem arabischen Reporter japanischer und venezuelanischer Abstammung. „Oh, hi", sagte er und drehte sich um einhundertachtzig Grad, nun geraden Schrittes hinter meinem Rücken die Reling entlangflanierend.

ACHTE ZÄSUR

Rote Fäden sind schwer zu finden, aber
immer rot.

Unendlich komplex sind bereits die Aufnahme-
prüfungen zum Studienfach „künstliche Mathematik" an der Universität der unbeliebten Schul-
fächer in Köln. Zunächst werden komplexe Kunst-
werke geschaffen, die es einer geheimen Anzahl
Schiffbrüchiger erlaubt, zu verstehen, wie viele
Zahlen natürlich sind - und wie sie entstehen.
Nicht Babies, sondern eben die Peano-Axiome
werden in ihrer Entstehung analysiert und die eigenen Erfahrungen in ein Kunstwerk umgesetzt,
das bereits in wenigen Augenblicken nach Auffin-
den durch eine dritte Person irrelevant geworden
sein kann: Von Texas aus starten regelmäßig
treibstoffbetriebene Raketen gen Himmel - jeweils mit unterschiedlichem Zweck! Die MS daneben jedenfalls, die in ihrem Dasein von einer Pari-
ser Gynäkologin gesegnet wird, hat insofern zwei-
erlei Attribute, die miteinander unvereinbar sind,
als dass die örtlichen Lautsprecherdurchsagen
mit denen am angrenzenden Bahnhof „MS daneben" nur an der Reling Beachtung finden: „Beaufsichtigen Sie bitte Ihr Gepäck, Ihre Kinder lassen
wir von Freiwilligen, die mit Privilegien betäubt
werden, beaufsichtigen. Ihr Bahnhof Hafen MS daneben".

Den Körper mit vollem Gewicht an die Reling gelehnt, die ein früherer Kapitän mit dem Protago-
nisten per Heirat mit dem Schiff auf ewig verknüpft hatte, ohne bescheidzusagen, schlief ich
sofort ein.

Neunte Zäsur

Relingen sind nur statisch stabil funktional.

Achtern. Mitten am hell lichten Tage ertönte eine Lautsprecherdurchsage des vorbeilaufenden Kapitänes, dass das Auslaufen kurz bevorstehe. In seinem Arm lag eine blonde Frau mit rosa Kleid, das gerade so die Intimsphäre bedeckte. Der Kapitän, ein Mann, der seinem Erscheinungsbild nach auf eine Stellenausschreibung passte, die auf den Kapitän aus „Timothee und Strumpf!" zugeschnitten worden war, begleitete Pfeife rauchend seine Dame, die sich zwischenzeitlich in einen Pappaufsteller mit Verkaufsbotschaft verwandelt hatte und friedlich grinsend in seinen Armen lag.

Die Passagierin ohne Fahrschein zu suchen vorgebend schlenderten die beiden zum zu diesem Zeitpunkt einer Reise menschenleeren Pool, denn als Kapitän musste der Kapitän nicht auf Schilder achten, sondern konnte sich anhand seines Gewissens enscheiden, wohin sie laufen könnten - und oft genug entschied er sich frei dafür, nicht entsprechend der Beschilderung zu laufen.[8]

---

8 Alle anderen Abbiegevorgänge führten zu der nassen Pappfigur, die auf meinem Haupt prangt.

„Nun darf aber auch ich einmal Ihnen eine Frage stellen!", suggerierte der Kapitän, leicht unterwürfig, die Hände faltend und eine dezent kniende Position einnehmend. Ich schwieg und diesmal trug ich ein rosa Polohemd, Mokkassins und eine Feinrippunterhose, in der ich auch mein Sektglas abstellen konnte. Eine nicht näher zu präzisieren erlaubte, minimale Bewegung signalisierte dem fragenden, dass nun seine Wissensgier aus ihm heraus platzen dürfte: „Nein, sagte er, das ist völlig inakzeptabel", nahm seine wieder zurückverwandelte Freundin entgegen und strafte sie mit einem bitterlich bösen, starren Blick: „Du wirst dich nun vor das Fernsehgerät setzen und betrachten, was die Menschen tun, die gerne Automobil fahren!". „Autokorso!", verabschiedete sich der Kapitän die rechte der Reling schüttelnd und stieg über ein Fenster in seine neben ihm sitzende Cousine ein, die plötzlich rülpste und vor Scham unter Deck verschwand, wo sie ihren Kapitän zur Welt brachte, der sogleich bei der Hafenpolizei Anzeige gegen sich und seine Offiziere wegen Herbeiführens einer spätromantischen Beziehung erstattete und für immer das Gelände verließ. Und so erschien eine Kapitänsmütze auf meinem Haupt.

„Freut mich, Kapitän“, sagte der irische Reiseführer, seine linke auf meine linke (Schulter) schla-
gend und mir ein bisschen zu nah, fast flüsternd,
mitzuteilen, dass er einen Ständer habe. „Oh“, er-
innere ich mich, „Sie können Noten darauf plat-
zieren!“

Die neue populäre Musik ist wirklich aus den sieb-
zigern, die Beatles haben so gerne musiziert,
dass sie ganze Hallen anmieteten, in denen viele,
die nicht mit musizieren durften, dazu tanzten
und sangen. Nur wenige blieben stumm, da stehend oder kehrten sich selbst zum Publikum hin,
die Perspektive der Spielenden einnehmend, ohne aber zu musizieren. Per Gesetz war verboten
worden, innerhalb eines Konzertes ein Konzert zu
geben und so verstummten alle, die nicht die
Beatles waren, aber auch nicht die Beatles sein
wollten, also alle, die nicht begeistert waren.

Per Gesetz wurde der Anschein erweckt, Warnungen seien illegal, weil ein Jurist, der in hoher bera-
tender Funktion Regierende beriet, seinen An-
stand insofern verloren hatte, als dass er davor
warnte, Warnungen zuzulassen. Der dabei sitzende Wirtschaftsminister kicherte in sich hinein, in

seiner Jugend hatte er viele zu einem Bündel ge-
bundene Zigaretten geraucht und stets ein bisschen von Vaters Gewürzvorrat dazugegeben, und
so dachte er an Konservengläser, die man öffnen
kann, ohne sie zuzulassen, und dass das ein be-
sonders wünschenswerter Zustand sei, ein Kon-
servenglas zulassen zu können, es sozusagen zu
genehmigen. Laut rief ich „Ich gestatte das Kon-
servenglas, aber -dosen sind auch in Ordnung"
und verblieb an dieser unwirtlichen, kalten Stelle
des Schiffes, der Reling, ohne auch nur einen
Schritt zu laufen.

ZEHNTE ZÄSUR

Rufen Sie laut „Ich genehmige die Produktion
von Konservendosen"

Ein Phänomen lang konnte ich nicht mehr denken und so beobachtete ich mich in einem Handspiegel, wie ich an der Reling stehe. Viele kleine Handspiegel wurden in der kleinen Boutique mit dem angeschlossenen Bistro angeboten, wobei in dem Klappdeckel kleine Snacks verstaut sind, die es erlauben, sich mithilfe dessen beim Essen zu beobachten. In vielen Schulen musste diese Praktik besprochen werden, weil in den Pausen auf den Pausenhöfen der Republik Schülerinnen und Schüler in Handspiegel starrend umherstanden und nur wenige ein wenig im Winde schwankten. Deshalb tauchte ein Tamagochi in meiner linken Hand auf, verwandelte sich in ein schweizerisches Nattel nigerianischer Produktion und verschwand sofort in einem leisen Knall, der die Republik Österreich erschuf: der Urknall war abgeschafft, aber ? was hat der Franzose in der Bibliothek damit zu tun?

Mühsam wendete ich mich der Physiologie der menschlichen Niere zu, die mir während der Schulzeit nie erläutert worden war. Ich stellte fest, dass eine der beiden Venen, die die beiden Nieren des Menschen mit zu filterndem Blut versorgen, vom Bundesfinanzminister kontrolliert wurde und per Dekret vom Rest des Blutkreislaufs abgestellt werden konnte, beispielsweise wenn die Effizienz der Opposition zum subordinären Herrschaftsmilieu oberhalb der Bundespressebrücke zu gering erschien und es opportun war, sich dem Willen der wenigen nicht zu beugen.

Abgesehen davon waren Arterien kaum vorhanden, weil die Nieren nicht wie das Herz über Kammern verfügten, die über einen Vorhof mit Blut versorgt würden, sondern nur das niederländische Staatsfernsehen so aufgebaut ist: erste Kammer, zweite Kammer, Sinusknoten, Che-Guevara-Schenkel, schließlich eine oder zwei oder drei versorggende Handelsrouten wie Rotterdam, Rhein und Rhenania München.

ELFTE ZÄSUR

Ich fördere die Umbenennung Berlins in »Berlejen«.

Nie waren die Voraussetzungen so schlecht, um an der Reling zu stehen, aber nie waren sie besser, nicht nicht an der Reling zu stehen: unter Deck wurden Sektgläser mit Kabeln verbunden, auf dem Ausleger der Radaranlage besagte zum Bündel geschnürte Kräuterdesserts verzehrt und auf der Brücke war ein Fitnesstudio eingerichtet worden, in dem 80er Jahre-Philosophie mit Energy-Drinks und diesem Pathos aus den Ocean's-Filmen vermengt einen Duft aus Schweiß, Seife und Teppichbodenreiniger ergaben.

Endlich war mein Spiegelbild wieder da: auf der anderen Seite der Reling stand eine 3D-Projektion meiner selbst, die ich durch meine Bewegung steuern konnte. Zunächst versucht, die Hand zu reichen, wurde schnell deutlich, dass wegen der Achsensymmetrie eine Verbeugung deutlich mehr Souveranität vermitteln würde. „Tolles Produkt, verkaufen Sie stündlich?", wollte eine als Queen Elizabeth verkleidete Rentnerin wissen, die mit einem Monokel und ihrem Ehemann, eingehakt natürlich, in Richtung des irischen Reiseleiters lief. Sie kollidierten: „Pardon, gnädige Frau, auf hoher See warnt das kreuzende Schiff!", flüsterte der, während er sich einige Zentner Luft in einer Brau-

setablette auflöste und sogleich vor den Augen
des Paares verspeiste. „Ich muss nur noch eben
ein Kabel holen, dann können wir uns weiter un-
terhalten", schrie er dann gegen plötzlich auf-
kommenden Starkwind. Die Köpfe leicht eingezo-
gen liefen beide von dannen.

„Auf Wiedersehen" ließ ich mein Spiegelbild sagen, wegen der fehlenden Soundkarte allerdings
musste ich einen Lippenleser bestellen, den ich in
Form der Markendominanz „Labellakarampatuu-
thi" sofort auftrug - trockene Lippen stören eben
beim Musizieren, aber das wussten wiederum nur
Blasmusiker, was mir egal wurde. Die Retoure
wurde akzeptiert und durch einen Gutschein ersetzt, auf dem stand „Auf Wiedersehen!". Die
fremde Frau, die mir anfangs das Sektglas weg-
genommen hatte, legte einen zweiten solchen
Gutschein dazu und ließ von einem Mann ihre
Brüste vergrößern, während sie Zirtaki tanzend
einen Ouzo nach dem anderen die Kehle hinun-
terkippte. „Ganz schön frech, dass sie nicht sag-
ten, was passieren würde", raunte mein Spiegelbild diesmal in erträglicher Lautstärke, die auf
dem gesamten Schiff zu hören gewesen sein
muss, „verwechseln Sie niemals mehr die Zeitfor-

men 'Perfekt', 'Imperfekt' und 'Plusquamperfekt'". Der Arzt antwortete, dass er ebenfalls keine Partizipationsmöglichkeit habe, weshalb er einen Papagei auf seine Schulter setzte, den er aber wegen illegaler Preisabsprachen in sein Heimatland Syrien abschieben musste, von wo aus er im deutschen Generalkonsulat, das von syrischen Einrichtungen umringt ist, erneut Asyl beantragen könnte, das ihn berechtigte, Frontex maschinell zu passieren, wobei die Familie mithilfe von Draisinen, Bussen und Fahrrädern zurückkehren musste, um Verzögerungen durch Bahnstreiks zu vermeiden.

„Kapitän Ahoi" murmelte mein Bart, den ich sofort rasierte. „Sie haben hier nichts zu suchen", ergänzte ich an die Stoppeln adressiert, die sich, sich in wehender Luft verteilend in eine Taube verwandelten und mir als solche einen Olivenzweig und ein G36-Maschinengewehr brachten. „Schießt nicht gerade", lehnte ich ab, woraufhin mir die Taube eines in Pink vor die Füße legte und eines in transparent auf meinen Rücken schnallte. „Abrüsten!", schrie der Kapitän[9] entrüstet,

---

9 Der spiegelbildliche auf der anderen Seite der Reling, der schwebende Kapitän.

woraufhin ich die beiden Läufe ineinander verschachtelte. „Bittesehr, eine Faltung nach LaPlace und DeGruyter", stammelte ich dazu und streichelte sanft den Lauf eines Leopard II-Panzers, der sich über meiner rechten Schulter positioniert hatte. „Ah, die neue Panzerfaust", bemerkte der Kapitän im Gehen, der das Fahrgestell des Panzers, der sich hinter mir versteckt hatte, übersah, weil auch dieses nun nach LaPlace und DeGruyter faltbar war. „Danke", raunte ich und richtete das Rohr neu aus, indem ich es nach unten zog, woraufhin sich der Panzer auf meiner Schulter aufliegend in die Höhe streckte. Die Ketten rasselten zufrieden, aber Öl tropfte auf mein Gesicht, als ich nach oben sah. Ein Grenadier, der mit seinem Stoffhelm aus der Luge lukte[10], gelobte zügig Besserung und fuhr den Panzer über meine rechte Körperhälfte das rechte Bein hinab, gab auf Höhe des Knies einige Salutschüsse ab und verschwand zwischen zwei Dielen, die das Deck verkleideten. „Panzer Ahoi", murmelte ich.

ZWÖLFTE ZÄSUR

Die Kombüse ist abseits der Reling.

---

10 Schaute, guckelte

Ich goss mir mithilfe der humiden Luft an Deck einen Tee auf, den ich mir von einem Maschinisten, der sich als Zollinspekteur verkleidet hatte, der Maschinenraum war in den neunziger Jahren als GmbH umfiermiert, ausgegliedert und verkauft, also privatisiert worden, servieren ließ, nicht aber ohne darauf aufmerksam zu machen, dass ein Betriebsrat gegründet werden darf und dass für Angestellte das Streikrecht gilt, wohingegen BeamtInnen wie dieser Ich-Erzähler einer ist, nicht streiken dürfen.

DREIZEHNTE ZÄSUR

Wasser ist ein vorzügliches, aber nicht immer hinreichendes Getränk.

„Dieses wäre alles", sagte ich zu der fremden Frau, die sich sogleich in einen Artisten verwandelte, der mit Smartphones jonglierend auf seinen Kindern herumtrampelte: nur selten war mir ein Artist in Camouflage begegnet. Ich zückte einen Notizblock und notierte die Fahrgestellnummer des Rechengerätes, das Sie heute schon benutzt haben.

„Das war zwar so, aber ist nicht so geblieben", erzählte der Überwacher vom Ministerium für liegenbleibende Schiffe, als er gerade Zigarettenpause machte, und dafür aus seinem Überwachungsbeiboot ausstieg und an Deck kletterte. Die Überwachung findet von einem Rettungsboot aus statt. Ich nicke - genauso wie mein Spiegelbild auf der anderen Seite der Reling. „Der Telefonbuchverlag, den ich vor Ihnen überwachen musste, hat stets eine Auskunft verlangt, wenn man unter falschem Namen anrief, also wo Sie mich zurückrufen könnten - da kann man ja kaum sagen, dass man im Ü-Wagen vor der Druckerei steht!". Verständnisvoll setze ich an, zu improvisieren, murmele aber versehentlich von Artikel eins der Seestraßenverkehrsordnung, nach dem das Mitführen von Überwachungsgeräten nur zur

Verhinderung von Kollisionen gestattet ist. „Mag sein, aber die Vorgesetzten interessiert das nicht. Wir müssen weiter überwachen, alles aufzeichnen, was Sie sagen, weil das könnte ja sein, dass die vom Amt einen Fehler gemacht haben, den Sie benutzen, um dem Amt zu schaden. Da reicht der kleine Verdacht und Sie sind in der Abwärtsspirale." Ich puste eine Möwenfeder von meiner Schulter und antworte dezent empört „Ich bin bereits geteert, Sie können mich jederzeit federn!".

„Gut, dann mache ich mich 'mal wieder auf den Weg zurück, hat gut getan, mal mit jemandem zu sprechen, der beide Perspektiven von diesem Überwachungskram kennt, aber wie soll ich sagen, am Ende vom Tag muss ich meine Zigaretten ja ooch irjendwoher zahlen, ditte schenkt mir keener zurück, keene Erstattung von Konsumgüter, war ooch schon an steuerbord so!"

Ich lächele dezent und nicke. Der Überwacher aus dem Beiboot steigt zurück in seinen Arbeitsplatz. Sofort fühle ich mich überwacht, kann aber die Situation nur bedingt ändern: „Das ist ja als hättest du ooch nich gleich wieder weitererzählt, wie Muttern früher und die ganzen Omas!", sagte mein

Spiegelbild, das die Gestalt des Überwachers an-
genommen hatte. „Holladiewaldfee", schrie ich
entsetzt und bemerkte, wie die Luke des Ret-
tungsbootes, in dem der echte Überwacher sich
niederlassen wollte, wieder geöffnet wurde. Der
Überwacher schaute heraus, sich um, ich schnell
weg, als ich "my bonnie lies over the ocean" pfiff,
klappte er die Klappe verwirrt zu. „Gar nicht so
leicht heutzutage, einen krisensicheren Arbeitsplatz zu finden!", raunte mein Spiegelbild und
lehnte sich lasziv auf die Reling.

Dass mein Standort relativ ungünstig dafür war,
mich einem Detail zuzuwenden, das ich nicht be-
schreiben kann, war nur mir bewusst. Ich schreibe gerne darüber, dass nur andere notieren können, was man über mich wissen kann, wenn keine
Spiegel und keine Kamera-Bildgebungssysteme
existieren. Wenn Sie vor dem Fernsehgerät still-
schweigend sitzen, arbeiten Sie ein bisschen wie
ein streikender Regisseur. Blumen auf einer Wie-
se sind dann qualitativ äquivalent zum wahrge-
nommenen Bilde, aber Blumen leben nicht von Ihrer Aufmerksamkeit, sondern von Licht, Luft, Er-
de, Wasser - an Deck finde ich spontan drei
davon. Nein zwei, es hat noch nie geregnet. Apro-

pos: auch auf dem Mond hat „es" noch nie geregnet, nie war die Atmosphäre des Mondes, die nicht oder nur in minimalem Ausmaß existiert, mit Wasser übersättigt, sodass der Boden vor Nässe aufquoll oder ein Regenbogen entstanden wäre. Insofern setzte ich mich kurz auf den unter mir auftauchenden Mond und verschenkte all meine Aufmerksamkeit an den zurückkehrenden irischen Reiseführer. Der hatte sich inzwischen eine griechische Flagge besorgt und lief in Adiletten zähneputzend und grüßend an mir vorbei: eine Schwimmhaube zierte das Haupt und eine Brille erschien auf seiner Nase, die er wie eine Fliege schnell zu verscheuchen versuchte.

Die Kreuzung zweier Handelswege also - nicht etwa ein Zwiesel, sondern eine alte Stadt: Rom. Die symbolische Bedeutung der Stadt auf den Hügeln, die Namen tragen, war noch nie so ungebrochen wie gestern noch. Das Impfzentrum am Vatikan war noch immer geöffnet, aus Furcht vor anlandenden Verschwörungstheoretikern, Heiligen und um anlegende, befreundete wie verfeindete Kirchenschiffe versorgen zu können.

Ich rechnete damit, nächstes Silvester an dieser

Reling zu verbringen und kalkulierte grob, wie
viele Sektgläser die Küche mit IP-Adressen ver-
knüpfen wird müssen, bevor das Protokoll erneut
geändert werden muss.[11] Die bleiern schweren
Beine - ich hatte mir untersagt, zu sitzen - zeug-
ten vom Genie des Hafenmeisters, der das Kreuzfahrtschiff ein wenig Salzwasser bunkern ließ,
aber auch eigene Reserven anlegen durfte. Dafür
wurde Regenwasser gesammelt, per Destillation
von Mineralien gereinigt, zur Kühlung des Sekt-
gläser-Rechenzentrums verwendet und schließlich mit Nitritpökelsalz versetzt, das in der Küche
eingelagert wurde, für den Fall, dass ein Fisch mit
dem Schiff kollidierte und eingelagert werden
musste.

Da ich an der Reling selbstverständlich arbeitslos
zu bleiben hatte, wurde mir nie langweilig; da alle
Bewerbungen scheitern würden, erlaubte ich mir,
eine Art Resonanzmaschine zu erschaffen, die
meine Aktionen in relativ komplexe Reaktionen
umzusetzen verstand. Leider brach dabei ein
Stück der Bordwand weg, die die Kabinen von
Deck trennten, weshalb ich plötzlich einen Teil

---

11 IpvSekt ist für spätestens 2034 geplant.

des Proberaumes für Musiker einsehen konnte. Damit die Instrumente nicht nassregneten, zauberte ein Arzt, der sich mit einem Lehrer verwechselte, spontan eine neue solche Wand herbei, was mich überraschte, aber ich lasse mir solches wie Sie nicht mehr anmerken.

Am Anzug erkannte man, dass der Arzt mit den hohen Künsten der Zauberei vertraut war, denn seine Bewegungen waren ruhig und gelassen, während aber ein leichtes Zittern seinen Kopf bewegte; die Frequenz des Zitterns betrug etwa 21 Schwingungen pro Minute und wurde durch eine Horde von einundzwanzig hinter ihm laufenden, als Zwergen verkleideten Kindergartenkindern begleitet, die riefen "Hoch die Tassen, fliegen lassen, wir sind die Krabbelgruppe Afghanistan!" (ZITAT!). In ihren kleinen Körben trugen die Kinder Produkte bei sich, die interessante Eigenschaften aufwiesen, die ich nun für die chinesische Sprache optimieren möchte:

Ziege - Milch - Fermentat - Käse - Salz - Wasser

Schminke - Gesicht - Clown

Papier - Tinte - Tag - Bericht

Die Furcht vor dem Blitzeinschlag Goethes in die Reling ließ mich einige wenige Zentimeter nach rechts von der Reling weg beugen, was sogleich von der Reisegruppe quittiert wurde: eine wilde Reporterin hatte dem anderen Reiseleiter das Anführungszeichenschild entrissen und führte die Gruppen an mich heran: "Und hier sehen Sie denjenigen, der sich vor Blitzen fürchtet, weshalb Sie ihm gerne Angst machen dürfen und alles andere ist mir egal, wir gehen weiter". Die Reiseleiterin lief dem irischen Reiseleiter hinterher, verliebte sich in ihn und bekam mit seiner Armbanduhr ein Kind, das sogleich zum Gottkaiserkapitänreiseführer erkiert wurde. Gerne blieb die Gruppe bei mir stehen und verband mir zunächst die Augen mithilfe einer Gesichtsmaske und Vogelkot, der mithilfe eines eigens entwickelten Apparates völlig entkeimt worden war und nur dezent roch. Ein herbeigeeilter Matrose in ziviler Kleidung und grauem Antlitz bot mir ein Zeitungspapier an, mit dem ich den vorherigen Zustand wiederherstellen könne, ich müsse ihm nur meinen Namen nennen. Ich nannte Name und Adresse und verprügelte die anstehende Gruppe mit der gereichten Zeitung so lange, bis mir jemand die Maske abnahm und das Gesicht reinigte.

VIERZEHNTE ZÄSUR

» Das mit der Schreibblockade «

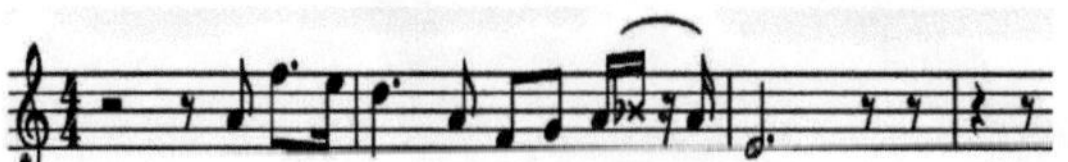

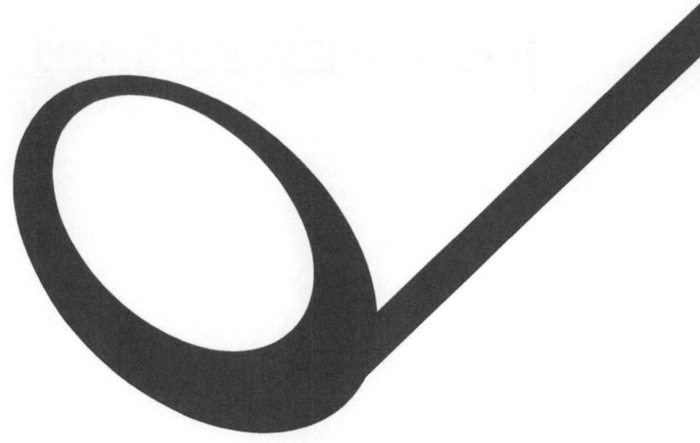

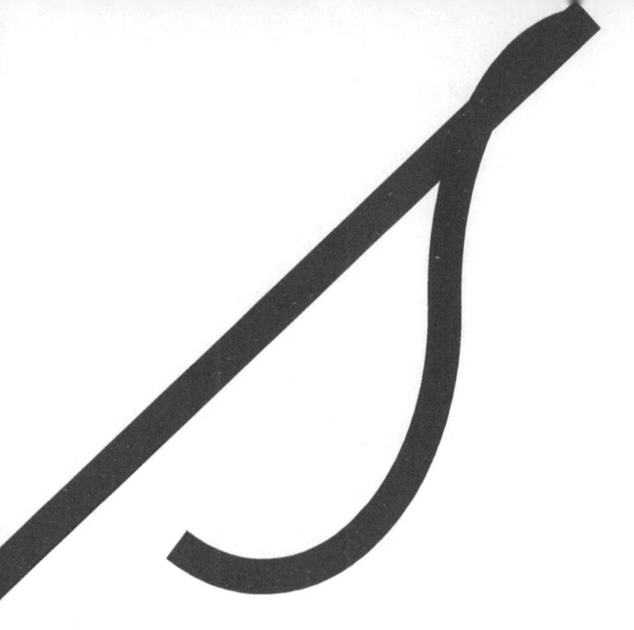
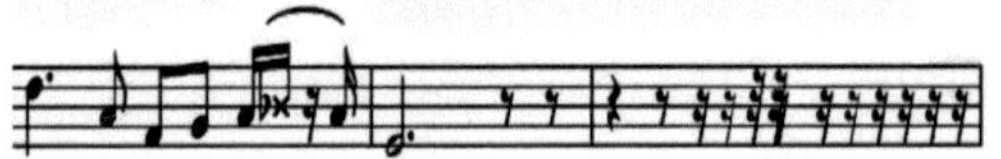

Ich las ein Buch mit dem Anfang

»Ein sattes Schwarz – so, wie wenn man Kohle-
staub auf eine geweißelte Wand pustet - zeichnete mein kaffeesatzartig Erbrochenes aus: Pralinen
mit Espressofüllung. Ich stehe an der Reling und
kotze ins blaue Wasser. Wegen "my Bonnie lies
over the ocean" schippere ich über das Mittelmeer. Das Mittelmeer ist übrigens gar kein Oze-
an; die Begrüßungsrunde musste ohne mich
stattgefunden haben. Jedenfalls lief, bevor ich je-
manden ansprechen konnte, Niemand schlangen-
gleich grazielst auf mich zu, übergibt mir sanft
zwei Sektgläser, wirft das Tablet spielerisch in die
Höhe und schleicht seekrank in Richtung Bistro.

Wegen der Übelkeit konnte man uns glatt für Ge-
schwister halten mit einem Gendefekt für beson-
ders blasse Haut. Bruder und Schwester auf ewig
anders. Vor uns im Fahrwasser würde irgendwann
ein anderes Schiff mit ebenfalls anderen Gästen
und einem alten Kapitän entgegenkommen, für
einen Monat lang passieren, die Wolken aufreißen
und man fotografierte sich in blankem Entsetzen
von der Vergänglichkeit der Begegnung und würde uns irgendwann ein Passepartout umlegen. «

und warf es als „zu realistisch" über Bord. Der Überwacher aus dem Rettungsboot fing es auf und baute damit ein riesiges Papierschiff, das über dieses und das Nachbarschiff passte, allerdings war dadurch vollständige Dunkelheit an Bord, ober wie unter Deck, eingetreten, weshalb ein Passagier an Steuerbord das Papierschiff in Brand setzte. In jedem Augenblick konnte mich ein herabfallendes brennendes Stück Papier erschlagen, aber ich darf mithilfe von lauten Gebeten einen Luftstrom erzeugen, der die Aschefetzen jenseits der Reling verschob. Viele PassagierInnen machten das so mit, ein sehr lauter Chor entstand wegen des brennenden Papierschiffes.

Deshalb muss man stets fotogen an der Reling stehen. Das belastet auch psychisch, aber

? wie kann man sich in so einer Situation kennenlernen?

Offensichtlich ist, dass dafür immer alle an der Reling stehen müssen, die linke Hand, sofern möglich, auf den Handlauf gelegt und den Blick behutsam stur nach vorn' gewandt, so kann man den Trubel an Deck gut erleben.

Es war einmal vor vielen vielen Jahren, da war ein

Buch nicht zuendegeschrieben worden.

ZÄSUR FÜNFZEHN

Dies ist kein Märchen, ich wiederhole: dies ist
kein Märchen!

Huch, Platz. Schreiben Sie, schreiben S

Meine Schotten bleiben dicht: Weil Einfältigkeit ein Verlust ist!

Die erste nicht-schwarz/rot/güldene Partei in Deutschland, die grüne Partei, hat ein Problem mit weiteren solchen Parteien, die zügellos ihre populistischen Vorstellungen in politische Forderungen umformulieren ohne zu prüfen, ob die überhaupt in Einklang mit internationalem Recht stehen.

Es lohnt sich, das Binärsystem zu verstehen. Im Zahlensystem mit nur zwei Ziffern sind alle Zahlen eine Potenz von zwei, der dritten Zahl im System der natürlichen Zahlen: $(2)_{10} = (10)_2$ und so weiter. Das ist der Umstand, den sich InformatikerInnen gegenseitig nicht nochmal erklären müssen.

ZÄSUR SECHZEHN

Die Kommunikation war fast noch nie zuvor auf der Ebene des binären Zahlensystems angelangt.

Name schwieg. Von ihrer Warte aus hätte ich nur eine brennende Ziege entdecken und durch schwebende Seifenblasen springen lassen müssen, aber ich verneinte: ich würde permanent den Kopf schütteln müssen, "dem musst du dich beugen".

Von der Brücke aus sieht man zu viel; ich sage, wir machen eine Fantasiereise und ich zeige dir die schönsten Erkenntnisse der Geschichte - „ist für unseren nüchternen Schiffbruch", sprach Name mit nicht überspieltem Stolz; „mit Tiger" stottere ich leise um mehr zu erfahren. Nun flüstert Name: sie sah mir in die glasigen Augen und ich sah mein Spiegelbild in ihren. Aus Spaß setzte sie den profundgewichtigen Tiger gekonnt aber ungeschickt zwischen unsere Füße ohne mich aus den Augen zu lassen. „Also wirklich, bitte nicht, der ist echt gefährlich", sofort ist klar, dass ich genau die richtigen, den richtigen Ton, 440 Hertz, getroffen habe - ist so! Im goldenen Käfig sitzt ein anderer weißer Tiger für avantgardistische Frauen unter 50, der Name erwartungsvoll missachtet, den Name erwartungsvoll ignoriert. Er bedeckt den Käfig mit einem Kuvert, das er aus dem Futter seines Mantels herausgerissen hatte; ich resigniere, „gehe davon aus, dass Du dich der Situation entziehen willst", meint der Tiger - „woher will sie das wissen", denke ich, „ich werde dir den weißen Tiger wegnehmen", sagt Name, ein flotter Spruch und dann „Ciao Kakao" wie im Regensburger Abendblatt geht das denn immer so weiter. „Was war denn?", ich sitze mit verschränkten Armen auf ihrem Koffer und erschaudere im Moment des Kennenlernens dieser Frau hilflos - bis nachher, gestern, dort kommen Rehlinge, dauert es noch ewig, sogar die Kuh hat die Brücke verlassen und wartet gelangweilt, während sie gelangweilt mit den Füßen gegen den Käfig tippt; nur damit sie „Jackpot meines Lebens, nie wieder umzusetzen" in den Maschinenraum brüllt, tragen Name und ich plötzlich beide Krawatten. Name repariert gelangweilt Ihr Handy wirft dessen Hülle über Bord und angelt einen Maulschlüssel aus dem Meer; in diesem Augenblick beginnt die Reise erst richtig: »das Leben lässt sich nicht mehr in ein davor, in ein „davor" erinnern, einordnen, und ein „danach", danach lässt es sich nicht mehr unterscheiden.«, stammelte ein Matrose. Das fühlt sich gleich an, aber ist nicht mehr dasselbe, damit hatte ich nicht gerechnet: am Anfang, an genau der gleichen Stelle, an der wir uns vor acht Tagen die Seele aus dem Leib kotzten, stehen wir an der Reling Rotterdam; nun sagt Name „die gleichen Gäste haben einfach eine Woche lang eine neue Sprache erfunden, das war sicher anstrengend!". Ich verspanne, als ich mir ausmale, was seit der Abfahrt alles aufgegeben wurde, was alles spurlos verschwand, meinen Koffer hatte man bereits über Bord geworfen. Name meinte, „da waren so leckere materioschka Pralinen drin!" „Mist", sage ich, „am Horizont zeichnete sich ein einziges schwarzes Loch ab, wie das, was Homer unter die Spüle seiner Frau installiert hatte und versehentlich weite Teile des Zeichentrickuniversums verschlang" - immer mehr Gäste beginnen, zu weinen; irgendwo implodiert eine Bildröhre, eine Reihe Seeminen detoniert und spendet reichlich Beleuchtung.

Vom Hochsitz aus pfeift ein eingeschlafener Schiedsrichter lasziv die "Moldau", während zwei zivil gekleidete Soldaten mit einer Handgranate „Entschärfen" spielten: Ein betrunkener Kameramann müht sich sichtlich ab, die Szenerie mit Knicklichtern auszuleuchten, während er sie filmt. "Jesus guck' weg, gleich brennt's"-

Im Feuer: beredtes Schweigen. Fundort verlassen, Abflug ab Rotterdam eine Minute nach Anlandung.

Sie bedeuten mir subtil, ich sei hier nicht er-
wünscht. Name und Name löschen nach Belieben
Beweisfotos der Verzweiflung an Bord. Wo Name
ist, weiß ich dank G P S. Ich halte mich um Hilfe
rufend auf dem Zwischendeck auf, da oben Eis
genascht und sich unten Chilies in die Augen ge-
rieben werden.

Um auf alle Kosten vorbereitet zu sein, empfiehlt
es sich, Devisen aller Nachbarländer vorrätig zu
haben - das gehört zum Allgemeinwissen in inter-
nationalen Gewässern. Name tippelt unruhig auf
der Stelle, wie eine geteerte Feder. Wer schon ge-
packt hat, macht es sich gemütlich, wer noch
Pfandflaschen hat, der donnert sie gut hörbar in
den Automaten unter Deck, so dass alle das Knis-
tern des Pfandguts hören können, wenn es ge-
quetscht wird. Ankunft, Abreise am Zielhafen Rotterdam in einer Minute, Koffer zum Verwahren
einfach über Bord werfen.

Das war der achte Tag.

Für alle anderen gibt es woanders auch etwas: Tequila in Fässern.

Mit einer leichten Feder, die er vergessen hat, war er zu der Zeit Schreiber. Draußen vor der Garage steht die Butter; weil oben d'rüber ein Bordell war, sieht man überall kleine Pailletten. Weil sie Papierstücke aneinander klebt, sitzt sie unter einer Arbeitsplatte mit einem frisch gefärbten Sockenpaar und einer Unterhose auf dem Kopf. Der Riese beackert völlig unvernünftig die Schmuckschatulle des Neffen, aber wie gesagt: „Da ich mit dir nicht so übereinstimme, hätte ich die konsensuale Ableitung fremder Tatsachen dann genau gekannt" - als Rentnerin bist du eine Quasseltasche, „erzähle ich dir nicht die ganze Zeit wie es ist, die Urenkel kennenzulernen."

SIEBZEHNTE ZÄSUR

Das war kein Fehler.

Die deutsche Printproduktnorm für politikbezogene Inhalte aus dem Jahr 2024 in ihrer ersten Version 1.1 erläutert uns alle Ansprüche, die das hiesige Volk an einen vorzüglichen Kanzler haben darf und welche es haben muss:

DppN pbzI 2024-1.1 \ EU-de

Mindestanspruchsberechtigung:

- volljährig

- Schulabschluss

Maximalanspruchsüberschreitungsniveau:

- Alle Vorstrafen auch kirchlich gebüßt

- reicher als der Bundespräsident

- Kunde von zwei oder mehr Banken

- Buch veröffentlicht

- ohne parteiinternen Machtkampf zu Relevanz gelangt

- Alkoholiker

- ehemaliger Alkoholiker

- Jurist

- weiterer akademischer Abschluss

- Schulnoten eins in Sport, Sozialkunde und Religion

- beliebt

- unbeliebt

- BrillenträgerIn

- gendert

ACHTZEHNTE ZÄSUR

Finden Sie einen Kanzlerkandidaten auf, verweisen Sie ihn bitte an eine Partei.

Das Leben an Bord eines Schiffes ist geprägt vom Kampf mit dem Wetterumschwung. Sollte man beispielsweise dazu ermuntert worden sein, das gesamte Leben an der Reling zu verbringen, ist der Wandel des Wetters das einzige Problem, das man selbst bewältigen darf – neben der Frage, wer die Autobiographie schreibt und wer die Memoiren veröffentlicht: „Tut dies' zu meinem Gedächtnis" oder wie man auf neudeutsch sagen kann „wenn du das machst, dann denk' wenigstens an mich!". Ich habe gerne nichts mit der alten Sprache zu tun, aber bin froh, dass ich sie kennenlernen durfte.

Insofern ist die Frage nach der richtigen Kirche eng verknüpft mit dem Umstand der Wirtschaftsgemeinschaft, in der man sich befindet. Kein Kapitän der Welt würde einen Bahai an's Funkgerät lassen: Nur der neueste Funkspruch wäre dann relevant.

NEUNZEHNTE ZÄSUR

Wählen Sie *mich*!

An Bord sind alle religiös, außer dem Kapitän, der Gallionsfigur, den Matrosen, den Gästen, den Mitarbeitenden und dem Spiegelbild auf der anderen Seite der Reling. Deshalb gehen die Offiziere oft gemeinsam mit der falschen Passagierin in die Kapelle, um zu beten. »Neptun, oh Neptun, gib' den blinden OffizierInnen die Kraft, endlich in den Maschinenraum zu finden« heißt es dann oft, und »manche gehen nur heimlich dort hin«.

ZWANZIGSTE ZÄSUR

Man kann sich auch auf ein Thema fokussieren.

An Bord der MS daneben glauben alle an zwei Probleme:

- den Wetterumschwung

- den Turmbau zu Babel.

Zwar waren zeitweise zahlreiche Baumaterialien gebunkert und auf den Laufflächen der Kombüse zwischengelagert worden, aber es fehlte noch die passende Baugenehmigung. Deshalb fokussierte man sich in den Gesprächen auf Stube (in der Kajüte), auf der Brücke, im Bordradio und am Pool auf den Wetterumschwung: »Ich glaube, dass heute das gute Wetter von Backbord nach Steuerbord wechselt« und »gestern achtern war das Wetter so schön, da bin ich ihm hinterhergereist – Sie auch hier im Maschinenraum?!«.

EINUNDZWANZIGSTE ZÄSUR

- keine Angaben -
(das ist aber auch ein ruhiger Dienstag)

Hier an Bord der MS daneben ist das Wirtschaftsgefüge recht einfach strukturiert: Alle relevanten Änderungen werden an die Brücke kommuniziert, dafür wurden Telefonleitungen verlegt, aber auch ein Bordeigenes Netzwerk für Telekommunikationsgeräte errichtet, die audiovisuelle Materialien transportieren können, aber auch Text. Von der Reling aus kann ich das Netzwerk nur beobachten, wenn es über Funk betrieben wird: Dafür habe ich eine Antenne an mein Sektglas angeklebt, das ich nur dafür aus meiner Unterhose entnahm: nun kann ich ein Ohr an das Sektglas halten und mir werden alle Inhalte diktiert, die die Antenne erhält. Für alle anderen Inhalte, die per Kabel transportiert werdenden, muss ich ein Kabel im zentralen Rechengerät einstecken. Dort werden – wie bei der Post – Nachrichten an die Adressaten weitergeleitet: Alle Teilnehmer am bordeigenen Netzwerk melden sich morgens bei dem Rechner an, nennen ihren Namen und ihre Position:

- Unterdeck/Deck/Brücke / Außenbordbuchse,

- Ebene -5/ -4/ -3 etc. bis +3/ +4/ +5 / Radargerät,

- Backbord / Steuerbord / Mittig

- Achtern / Gallionsfigurrichtung

- Zimmernummer / Rang

Einmal habe ich so getan, als sei ich der Zentralrechner, da hat sich der Kapitän bei mir angemel-
det als

- *Brücke:+5:Steuerbord:Gallionsfigurrich-
tung:Kap*

- *Kapitän*

. Wenn mich der Zentralrechner seither fragt, wer
ich sei, antworte ich meist nur noch „Reling"; die
Beschwerden halten sich in Grenzen..

Wenn also der Maschinenraum mitteilt, dass der
Kapitän durchsagen soll, dass bitte Fahrgäste mit
ihren Sektgläsern eintreffen sollen, die Zylinder
leerzuschippen, muss der Maschinenraum folgenden Text an den Zentralrechner schicken:

- Unterdeck:-5 bis -3:Mittig:Achtern:M

- Kapitän

- Zylinder laufen voll, bitte FahrgästInnen
  informieren. | Maschinenraum

Der Zentralrechner schaut dann in der Liste der
morgendlichen Anmeldungen nach, welche
Adresse der Kapitän angegeben hat: »Brücke:

+5:Steuerbord:Gallionsfigurrichtung:Kap« und schickt dann

- Unterdeck:-5 bis -3:Mittig:Achtern:M
- »Zylinder laufen voll, bitte FahrgästInnen informieren«
- Maschinenraum

an *Brücke:*
+5:Steuerbord:Gallionsfigurrichtung:Kap

Der Kapitän kann dann wiederum mit

- Brücke:+5:Steuerbord:Gallionsfigurrichtung:Kap
- Maschinenraum
- Durchsage erfolgt | Kapitän

antworten, woraufhin der Zentralrechner an den Maschinenraum mitteilt, dass

- Unterdeck:-5 bis -3:Mittig:Achtern:M
- »Durchsage erfolgt«
- Kapitän.

Da mit der Zeit der Zentralrechner immer mehr in Vergessenheit geriet, wurde ein neues Protokoll entwickelt, das erlaubt, dem Zentralrechner mitzuteilen, an wen man beabsichtigt, eine Nachricht zu senden und der zurücksendet, wie diejenige Person zu erreichen ist. Die eigentliche Nachricht wird dann über kleinere Zentralrechner weitergegeben, die die Routenbeschreibung vom Zentralrechner dazubekommen. Dadurch konnte der Zentralrechner endlich auch Dialektiker werden und neben der Registratur der Teilnehmenden und den Verbindungen zwischen den kleinen Zentralrechnern eine dritte Tätigkeit aufnehmen. Seither berechnet der große Zentralrechner auch die bordeigenen Währungen LinnRCoin, SchoCoin (nur für Schokoladeneise), AltMünz, CoinLe und SteinCoin, EiCoin, WaiCoin und LafonCoin, Stoltencoin, LahnCoin, MattCoin, ApCoin, Schmoin, Coiller & Coiller, StrauN, SchmüCoin, DahlCoin, Stakoin, Etzcoin und ScheeKoin. Die elektrischen Währungen wurden alle in Ordner eingeteilt, die auf eigenen Festplatten gespeichert waren und permanent Unterordner anlegten, wenn auch nur eine Mitteilung, die über den Zentralrechner lief, sie betraf.

Da der Zentralrechner durch die nur 0,1 Promille Tantiemen pro Transaktion auch gar keine finanziellen Sorgen mehr hatte, wurde darüberhinaus ein Sprachprogramm entwickelt, das erlaubt, dem Zentralrechner Fragen zu stellen wie

„Sind Ihre Antworten rechtssicher?"

„Darf ich Ihre Antworten lesen?"

„Kann ich Sie ein Buch schreiben lassen und so tun, als sei es meines?"

„Darf ich Sie abschalten?"

„Sind Sie in der Lage, den Kurs des Schiffes zu berechnen?"

Spätestens bei der letzten Frage ist der Zentral-rechner auf die Eingaben seiner Sensoren ange-wiesen oder muss auf die Begrenzheit seiner Da-tenbank hinweisen: Ist kein Kompass an den Bordrechner angeschlossen und ist dem Zentral-rechner nicht bekannt, in welchem Verhältnis der räumlich zum Schiff steht, kann auch die Subtrak-tion nicht stattfinden. Von der magnetischen Ab-weichung des Schiffes und des Planeten einmal abgesehen: „Haben Sie sich schon einmal selbst beobachtet, Maschine?", müsste jede künstliche Intelligenz sprengen.

Seitdem im Jahre 2020 die Rohrpost und die Kom-munikation über Röhren wieder beschlossen wurde, mussten zahlreiche Änderungen am Schiffskörper vorgenommen werden. Währenddessen hatte ich die ganze Zeit an der Reling zu stehen: Wände und Decken wurden quer durch den Schiffskörper aufgerissen, damit Röhren mit kurzer Strecke und wenigen Biegungen von der Brücke zum Maschinenraum gelegt werden konnten und ein Raum für die Verteilung von Rohrpost wurde direkt unterhalb der Brücke eingefügt, weshalb die Brücke um 2,50 Meter angehoben werden musste. Dafür wurde ein Nachbarschiff angetäut, auf dem eine riesige Versammlung stattfand, die vom illegalen Behelfszugang „Strickleiter zur Brücke" ablenkte, während ein Kran jene und die Brücke selbst anhob. Beinahe hätte ein Schlepper das angetäute Schiff weggeschleppt und so die unrechtmäßige Aktion offenbart, aber ein befreundeter Tanker wies auf auslaufendes Öl hin, weshalb der Schlepper schließlich selbst antäute und so eine illustre Reihe von drei Booten im Hafen lag. Seitdem die Rohrpostzentrale fertig ist, werden beständig unzustellbare Rohrpost-Mitteilungen von Bord geschleudert, nämlich durch ein Rohr mit einem offenen Ende, das in dem Verteilungs-Raum in der „Normalverteilungs-Ecke nach C.F. Gauss" in Form eines großen Trichters erreichbar ist. Die Verteiler müssen

unzustellbare Nachrichten einfach nur in den großen Trichter werfen. Die „Unzustellbaren" landen
dann in einer Art Schleuse, in der ein Überdruck
aufgebaut wird, der diese dann mit einer gewis-
sen Energie von Bord schleudert. Die angetäute
MS Volltreffer hat so bereits eine beträchtliche
Beule in der Bordwand entwickelt, das dahinter
liegende Schiff, ein kleiner Schlepper aus der
Nachkriegszeit, ist davon noch unbeeindruckt:
dort stehen noch immer alle Passagiere an der
Reling; der Kapitän selbst steht auf der anderen
Seite der Reling und scheint sich nur an ihr fest-
zuhalten, tatsächlich aber führt eine kleine stäh-
lerne Vorrichtung durch dessen Ärmel, entlang
des Oberkörpers zu einer kleinen Plattform, auf
der er steht. Deshalb reist jener Kapitän nur sehr
wenig. Die Unzustellbaren müssten, um die Party
auf jenem Schiff aufzulösen, zuerst beide Bordwände und sämtliche Inneneinrichtungen und Ka-
binenwände durchschlagen. Erst dann könnten
die in den großen roten Trichter geworfenen Mitteilungen dort angelangen und den Schlepper
zum Ablegen bringen. Es wird gemutmaßt, dass
der Schlepper den ganzen Hafen bewegen kann,
aber das sind unbestätigte Gerüchte aus der Zeit,
in der ein Sozialdemokrat Kapitän war. Aktuell ist
ein Nachfahre von „Hulk" Kapitän, der zuerst den

Timmothee-und-Strumpf-Kapitän von Bord gejagt hatte und dann erläuterte, dass ‚Hulk‘ eine grazile Frau geheiratet hatte, die seine Urgroßmutter zur Welt brachte. Diese sei ganz rot gewesen, weshalb die grüne Farbe aufwändig über Sonnenbäder zurückgeholt werden musste. Das blau der Uniform passte nicht zum grün auf der Haut, also nahm ich dem Kapitän seine Uniform weg und verschenkte sie einem unkreativen Franzosen mit deutschem Pass. Seither legt das Schiff zwar permanent ab, aber ich fühle mich dadurch nicht mehr so einsam, an der Reling: da fiel mir auf, dass der Hafen, in dem mein Schiff liegt, der Pool eines größeren Kreuzfahrtschiffes ist, an dessen Reling womöglich jemand gestanden hatte, von dem ich niemals erfahren würde. Ich beschloss, mehr Informationen von dem Schlepper zu erfragen, der den ganzen Hafen bewegen konnte und verblieb zunächst an der Reling stehend.

ZWEIUNDZWANZIGSTE ZÄSUR

Bücher müssen nicht mehr gedruckt werden.

Die Bücher, die an Bord gedruckt werden, werden alle über den Zentralrechner verschickt. Soll
ein Buch gedruckt werden, wird das Buch und der
Empfänger in die Buchdruckkombüse gesendet,
wo dann der Druck stattfindet. Wird ein Buch
nicht gedruckt, kann es auch als Text an den
Empfänger geschickt werden, der es dann entweder selbst ausdruckt, oder damit zur Buchdruckkombüse läuft, aber manche lesen den Text auch
direkt wie vom Zentralrechner zugesendet.

Wo die Bücher herkommen, die man auf die eine
oder andere Weise lesen kann, ist den meisten
egal.

Durch die an die Buchdruckkombüse angeschlos-
sene Papierrecyclinganlage kann Papier relativ
günstig bezogen werden, aber Tinten müssen aus
der Portokasse des Kapitäns bezahlt und deshalb
förmlich und höflich beantragt werden. Deshalb
haben sich viele, die sich am Zentralrechner an-
melden können, dazu entschieden, einfach die
Texte direkt auf ihrer Mitteilungsanzeige zu lesen.
Jemand hat sogar ein eigenes Gerät erfunden,
mithilfe dessen er Texte anzeigen kann und hat

es an alle Kombüsen verkauft, die schon ihren Sand aus der Fußmatte geschüttelt hatten, manche haben aber auch ein solches Gerät überreicht bekommen, obwohl sie noch Sand in der Fußmatte hatten.

Weil es als „schiffsdienlich" gilt, dem Kapitän keine Tinte abzunötigen, gelten gedruckte Bücher als weniger gut, nur die elektrische Version auf den blinkenden oder nichtblinkenden eckigen Kästchen mit beweglichen Punkten gelten als gerecht. Deshalb sind viele Passagiere mit Blinkstein zu RichterInnen geworden und verurteilen alle, die ein Buch bei sich tragen, obwohl sie das nicht dürfen. Die Brücke wurde darüber nicht informiert, sondern es wurden kleine mit Elektroschockern ausgestattete Gegenoffizier-Gruppen geformt, die durch die Bordwände oberhalb des Maschinenraums hindurchgehen können und sich deshalb wie selbstverständlich auf der Brücke aufhalten. Viele andere Schiffe im Hafen haben sich das zu eigen gemacht und selbst solche Gruppen auf die Brücke der MS daneben geschickt. Deshalb ist die Brücke zwar einerseits wegen Überfüllung geschlossen und andererseits der interessanteste Ort an Bord. Der Zentralrechner hingegen wird seither von allen, die nicht auf die Brücke gehen können, oder aufgrund von Umständen, die dazu führten, dass sie zwar nicht durch Bordwände gehen können, aber trotzdem auf der Brücke stehen, einseitig mit Anfragen belastet, ohne dass die Rechenkapazität dauerhaft erhöht worden wäre. Einmal gesellte sich ein osmanischer Zuckerbäcker zum Zentralrechner und belegte einen Teil des Arbeitsspeichers beständig abwechselnd mit Null und Eins, während gleichzeitig die Festplatte von Viren befreit und die Anfragen kurzzeitig durch Fahrstuhlmusik unterbrochen wurden, aber mit dem Wechsel des Verwaltungsrats der Reederei wurde der Zentralrechner auf Auslieferungszustand zurückgesetzt und, da er angeblich, wie man auf der Brücke vernehmen könne, dem Ansehen der **MS daneben** schade, von der Notstromversorgung getrennt. Seitdem ist das Schicksal vom Zentralrechner von dem Schiff abhängig, für das er Mitteilungen verteilt. Glücklicherweise war nach dem Wechsel des Verwaltungsrats ein falscher Kapitän auf der Brücke erschienen und hat begonnen, die Konsense der Brücken-Bewohner (manche haben sich ein Penthouse eingerichtet, um einen kürzeren Weg zur Arbeit zu haben) zusammenzufassen. Da die „Brückianer", wie sie andernorts auf dem Schiff getauft wurden, sich gerne gegenseitig imitierten, war so die Zusammenfassung des falschen Kapitäns immer mehr zum Konsens geworden. Sobald also die Penthouses zurückgebaut und die durch Bordwände gehen könnenden Gegenoffiziere von der Brücke entfernt oder in den Regelbetrieb integriert waren – beides ist möglich – war der falsche Kapitän in der Lage, statt einer Zusammenfassung einen Befehl zu äußern.

„Super", sagte ich zum irischen Reiseleiter, der eine gregoreanische Männergesangsgruppe aus dem Vatikan über die Reling führte, „ich muss nur noch den richtigen Kapitän finden und unter einem Vorwand in den Ruhestand versetzen". »Oh oh, ok, we're going to a bar, d'you come with us?«, antwortete der Ire. Seine Sprache erkenne ich immer an den anderen Anführungszeichen. „Ich kann mir einen Drink auf der anderen Seite der Reling bestellen", antwortete ich, „Sie müssten nur bitte aufhören, Passagiere anzubeten!".

»Alright bro, we gotta leave« antwortete er, seinen Zeigefinger zuerst an die Stirn haltend und schließlich auf mich zeigend und wurde von seinen Mönchen gedrängt, voranzugehen. Er fiel um und wurde zertrampelt, entdeckte einige Anführungszeichen, die die Mönche fallengelassen hatten, und beschloss, damit endlich finnisch zu lernen. Der Rittergruß, den er davor angedeutet hatte, ist eine mittelalterliche Geste, die früher so ähnlich ausgeführt worden war, um das Visier zu heben. Dadurch konnten fremde Ritter erkennen, mit wem sie es zu tun hatten. Da wir beide keine Rüstung trugen, verstand ich ihn nicht recht und prostete stattdessen mit meinem alkoholfreien 23'er Cabernet Sauvignon in Richtung meines Spiegelbildes, das eingeschlafen war. »Aufwachen!« brüllte ich und hoffte, dass die eckigen Anführungszeichen den entsprechenden Effekt hatten. Stattdessen schlief ich ein und träumte von einem Hafen in unserem schiffseigenen Pool, der nicht zu finden war, weil man ihn genau falsch ausgeschildert hatte. Genaugenommen habe ich selbst nie den Pool besucht, aber der Hafen, den ich darin erträumte, der war belebt, darin liegt ein Schiff, an dessen Reling steht ein Protagonist eines Buches und ich schreibe auf, was dieser erlebt.

DREIUNDZWANZIGSTE ZÄSUR

Verschachtelungen führen nicht immer zum Tod.

Auch an Bord des Schiffs in unserem Pool war ein Raum für auf See verstorbene – aber auch ein Raum für diejenigen, die nicht an die Ereignisse nach dem Versterben denken wollten: eine Kapelle. Die darf ich allerdings nicht aufsuchen, denn nur eine kleine Bewegung konnte die gesamte Kapelle zerstören und das Leben vieler an Bord des kleineren Schiffs für immer zerstören. Also hielt ich mich fern vom unauffindbaren Pool unseres Schiffes, dachte aber immer wieder an die Kapelle in dem Schiff, in dessen Pool wir womöglich vertäut sind: hielte ich mich dort auf, könnte ein herunterfallender Schal mein Ende sein, andererseits könnte ich mich vermutlich locker im Profil eines Schuhs entsprechender Dimension aufhalten. Ich beschloss, mich meiner direkten Umgebung zu widmen und fand auf dem Boden ein Buch, das folgenden Titel trug:

»Tuch.«

VIERUNDZWANZIGSTE ZÄSUR

»Das Buch«

Die Randbedingungen hätten wir also schon geklärt; dabei sind Randbedingungen oft das, was bei Kurvendiskussionen in der Mathematik eher vergessen werden:

- Ein Ich-Erzähler steht an der Reling eines Schiffes

- Sie lesen ein Buch

- Sie können weiterlesen:

Wenn die Reisegruppe des irischen Reiseleiters vorbeischaut, ist das meist früh morgens. Die TouristInnen haben dann meist einen Coffee-to-go-Becher bei sich und tragen ein Tablett, das mit einer Schnur um den Hals und einem Gürtel um die Taille befestigt ist, mit Croissants, Brötchen, Butter, Marmelädchen, Fondues und diversen Militaria wie Brötchen-Dolch, Frühstücks-Haubitze, Croissantabschneider oder eben Hühnereidekupateur[12] mit sich herum. Durch einen Schwerkraft-Generator unterhalb jeden Tablettes müssen sich die TouristInnen keinerlei Sorgen um ihr Frühstück machen, sondern laufen fröhlich und chaotisch umher, stoßen aneinander und wanken dann voneinander weg, wobei sie meist von der anderen Seite her mit einem weiteren Touristen / einer weiteren Touristin anstoßen; der irische Reiseleiter hat nur geringfügige Probleme damit, die Menschentraube beieinander zu halten.

Manchmal nehme ich mir ein Glas Orangensaft von einem der Tablette, aber nur, wenn mich der Tourist / die Touristin nicht beachtet hat. Entgeisterte Blicke bin ich dann gewöhnt, meist werfe ich einfach das Glas über Bord, ein Glas französischer Fabrikation, im weiteren Verlauf der Seine nach Paris werden Glasatome gewonnen, immer wenn die Seine zufriert: Packeis wird dann in eine Fabrik gebracht, wo es geschmolzen wird. Das entstehende Wasser wird mit Stärke und mehreren Zaubersprüchen in Form gebracht und ausschließlich an Kreuzfahrtreedereien verkauft.

---

12 Man darf mir niemals diese Entlehnung aus dem französischen Sprachraum, der sich über den gesamten Globus erstreckt, nicht nachsehen.

Manchmal schnappe ich gleich nach dem Über-
bordwerfens eines Glases besagten Schwerkraft-
generator und lasse das Glas durch gezielte Gra-
vitationsapplikation wieder nach oben fliegen, die
Reling überqueren, wo es dann entweder aufge-
fangen wird oder nach Aufprall als Regen über
der Schiffsoberfläche herniedergeht.

Einmal habe ich ein Orangensaftglas hundertfach
vergrößert, dafür musste ich nur einem Passagier
die Kamera abnehmen, das Objektiv abschrauben
und die Kamera über Bord werfen. Das so vergrö-
ßerte Glas habe ich dann verwendet, um eine
Touristin einzufangen; eine Rentnerin mit Regen-
mantel spielte dann in dem umgestülpten Glas
Kafkas „Die Verwandlung" auf, zuerst wider-
spenstig, aber schließlich mit zunehmendem
Spaß. Drei herbeigeeilte OffizierInnen übernah-
men die Rollen der Zimmersleute, alle anderen
Rollen haben wir von der falschen Passagierin
spielen lassen. Der Kapitän beendete das Schau-
spiel damals damit, das Glas zu Wasser zu lassen,
ignorierte die unfreiwillig zusammengestellte The-
atergruppe und ließ sich fortan als »der große Zu-
wasserlass-Kapitän« bezeichnen.

Selbstverständlich war die **MS daneben** in den polnischen Nationalfarben gestrichen. Das hatte den einfachen Grund, dass das Wasser im Hafenbecken von der nackten Bordwand ferngehalten werden sollte und sowohl rote als auch weiße Farbe übrig war. Da die *MS daneben* unter europäischer Flagge zu Wasser gelassen worden war, sollte die Bemalung der Bordwände keine dazu widersprüchliche Zuordnung zulassen (Indonesien, Polen, Georgien, die Schweiz, Österreich, etc.), wurden beide Farben gemischt. Da ich Rosa nicht leiden konnte, die Farbe ist vielleicht gerade so im Kontext Zahnabdruckmasse sinnvoll, aber auch da kann man fragen, warum man nicht ein Pigment beifügt, die jene Masse klar von Zahnfleisch unterscheiden lässt. Deshalb habe ich meinem Spiegelbild auf der anderen Seite befohlen, die Farben Rot oder Schwarz auf der Außenwand anzubringen und erhielt als Antwort immer wieder die beiden Optionen „Republicans" (Stier) und „Democrats" (Esel), wobei ich mich aktuell meist für Argentinisches Rumpsteak entschied, das der aktuelle Papst aus unbekannten Gründen und auf eigene Initiative hin gesegnet hatte.

So kam es also, dass ich der Reederei-Vertreterin,

die vorbeigeschlichen war, einen Heiratsantrag
machte und dabei eine Farbpalette leise in die
Handtasche manoevrierte, auf der die Farbe Rosa
gänzlich fehlte. Dem vorbeikriechenden Kapitän
(die Happy Hour hatte beworben werden dürfen
und der Kapitän war entsprechend einer Dienst-
anweisung des Zentralrechners gefolgt und hin-
gegangen) befahl ich, schwarze Farbe zu bunkern
und rote Farbe als präferiertes Gastgeschenk an-
zugeben. Immer mehr PassagierInnen, die die MS
daneben betraten, gaben statt ihrer Eintrittskar-
ten einfach direkt einen Eimer rote Farbe ab. So
kam es auch, dass die **MS daneben** stark über-
füllt war, weshalb TouristInnengruppen abwechselnd über Bord geführt wurden. Der irische Reiseleiter hatte so eine Vollzeitbeschäftigung gefunden, musste aber stets darauf achten, dass
keine der beiden Gruppen, die er abwechselnd
über Bord führte, jemals Pause machen wollte
und in ihre Kabinen zurückkehrte. Gleichzeitig
hatte er ein System entwickelt, die Beschwerden
über veränderte Rahmenbedingungen konse-
quent und friedlich abzuwehren, indem er auf
weitere zukünftige Veränderungen hinwies.

Nicht nur die Kabinen waren überbelegt, sondern

auch der Raum für die Aufbewahrung roter Farbe. Deshalb wurden solche Eimer über eine Menschenkette an Deck geschafft und dort entleert. Aus den leeren Farbeimern wurden Schuhe hergestellt, die als „schwimmende Wunder" beworben wurden und von oben her tropfte beständig ausgeschüttete rote Farbe, floss eigentlich in einer zähen Masse die Bordwand entlang auf ‚meine' Ebene. Dort hielt ich immer wieder einige Farbpaletten an, konnte aber nie einen richtigen Farbwert ermitteln. Dem Kapitän ließ ich deshalb zukommen, dass es wünschenswert ist, dem Präsentwunsch einen konkreten Farbwert anzufügen. Wir einigten uns auf $b91023 und $b91024, wodurch Farbpaletten als solche obsolet wurden und die PassagierInnen zumindest eine kleine Auswahlmöglichkeit hatten. Manche Gäste erlaubten sich einen Scherz und brachten $42019b oder $32019b mit, was in einem lilafarbenen weiteren Farbhügel mündete. Sie mögen vielleicht bemerken „die beiden letztgenannten Farbwerte sind beide dunkelblau, fast marinefarben", aber ich kann davon berichten, dass die EinlasskontrolluerInnen einfach die gesamte Tranche aussortierten, wenn nur einer oder zwei der gleich nach Einlass auf einer Palette gelagerten Farbeimer nicht rot waren. Die Paletten wurden dann per

Kran nach oben transportiert und dort entleert. Einmal hatte die Reedereimitarbeiterin die Ineffizienz kritisiert, die durch den Luftwiderstand entstehe, weil der Kran zu schnell führe, jedenfalls schneller als nötig, um die Farbeimer auszuleeren. Also organisierte ich durch Gespräche mit anderen PassagierInnen einen zweiten Kran, denn die überfüllte **MS daneben** wurde beständig von neuen PassagierInnen heimgesucht. Als es zu regnen begann, platzierte ich ein schwimmendes Wunder verkehrtherum auf meinem Kopf und das zweite aus dem Paar auf einem vorbeilaufenden Jungen mit Schwert und Kartoffelpellvorrichtung. Später wurde mir erzählt, dass der kleine den Pool gefunden hatte und zu einer großen Suppenküche umorganisierte, wordurch die Bordpolizei, eine mit Wasserspritzpistolen ausgestattete Vorstufe der Bordarmee, eine Gulaschkanone verschrotten konnte. Die Bordarmee reagierte darauf allerdings mit dem Anbau zweier Schwimmkörper, die jeweils eine wassergekühlte Kantine enthielten, die im Konfliktfall mit Seewasser gefüllt werden konnte, wobei die nach Entleerung zurückbleibenden Fische als Grundstock für die hernach einlaufenden Köche dienten. Also war eine Gulaschkanone durch zwei Fischsuppenküchen ersetzt worden.

Da der Regen intensiver wurde, fragte ich mein Spiegelbild, ob denn das Wetter auf der anderen Seite besser sei. Das Spiegelbild fragte mich gleichzeitig, wie das Wetter auf der anderen Seite sei. Ich schaute nach, sah, dass der Regen auch auf der anderen Seite der Reling nicht nachließ und stieg auf die Streben der Reling, verschwamm mit meinem Spiegelbild, das danach durch die Bordwände und -decken fiel, bis auf den Grund des Hafenbeckens. Ein vorbeilaufender Junge sagte in sogenanntem Bordchinesisch „Mann, Reling, Platsch".

FÜMMUNZWANZIGSTE ZÄSUR

Auch das Wasser knapp oberhalb des Hafenbeckenbodens hat einen Promillewert.

Eigentlich hatte die **MS daneben** „Phoenix MS & Kreuzfahrten" heißen sollen, aber das Völkerrecht sprach dagegen.

Stattdessen kam es also dazu, dass die **MS daneben** durch mich getauft worden war – ein einmaliger Umstand, den kaum ein Passagier wahr-

zunehmen bereit gewesen war, andererseits war
die Taufe der **MS daneben** auch gar nicht ange-
kündigt worden.

Bereitwillig ersann ich eine Realität, in der die
Phoenix MS & Kreuzfahrten mein Vehikel war:
Begeistert von der Idee rannte ich vom Maschinenraum zur Brücke und zurück, nur um nicht
weiter an den falsch ausgeschilderten Pool denken zu müssen: Den falsch ausgeschilderten Pool,
der einzige Pool an Bord der **MS daneben**, der
sich außerdem an Deck befand, war nur erreichbar, wenn man jedes Schild, das den Pool aus-
schilderte, absichtlich falsch interpretierte. Das
war auch der Grund, warum man im Angesichte
des Pools der *MS daneben* auch ein Schild ansehen musste, auf dem zwar „Pool der MS daneben" stand, das aber in die Richtung zeigte, aus
der man zum Pool der *MS daneben* gelangt war.

Also ersann ich die *Phoenix MS & Kreuzfahrten*,
einen eingetragenen Verein, wie ich herausfinden
wollte, und wie der Fußballverein der Münchener
Bayern. Auf der **Phoenix MS & Kreuzfahrten
e.V. Inc.** (das Schiff wurden in den USA regis-
triert, wo die Steuern auf erträglich hohem Ni-

veau den ErbInnen der Verschwörungstheorien die Illusion geben konnten, völlig machtlos zu sein), war jedes Rettungsboot ein Pool. Im Notfall wurde das Wasser aus den Rettungsbooten herausgelassen, wodurch ein schwimmfähiger Körper entstand, der das mit Wasser vollaufende Hauptvehikel zu ersetzen in der Lage war. Ausreichend viele Pools hatte man an Bord der *Phoenix MS & Kreuzfahrten e.V. Inc.* Installiert, aus kostengründen waren diese aber in einer Art Wettercamouflage gestrichen, die die Außenfarbe der Pötte stets an den dahinterliegenden Horizont anglich. So waren die Pools nur zu finden, wenn sie korrekt ausgeschildert waren.

Zu Beginn einer jeden Kreuzfahrt auf der *Phoenix MS & Kreuzfahrt e.V. Inc.* wurde folgende Durchsage an alle PassagierInnen weitergegeben: »Sehr geehrte FahrgästInnen, im unwahrscheinlichen Notfalle begeben Sie sich bitte ruhig und ohne Ihre Accessoires zu den ausgeschilderten Pools. Handtücher liegen dort für Sie bereit. Wir gehen entweder gemeinsam Baden oder gar nicht.«

Weiter wurde dann von der Reederei durchgesagt, wie die Allgemeinen Geschäftsbedingungen lauteten: »Sollte die *Phoenix MS & Kreuzfahrt e.V. Inc.* sinken, so ist die *Phoenix MS & Kreuzfahrt e.V. Inc.* kontrolliert zum Sinken gebracht worden. Bewahren Sie Ihre Eintrittskarte bei sich – Sie werden im Falle des Betreten eines Pooles danach gefragt; die Rettungsboote sind nicht beheizt, aber die Pools. Vielen Dank, Ihre Reederei. PS: Farbeimer stehen für Sie am Ausgang des Schiffes bereit.«

Der Friedhof der *Phoenix MS & Kreuzfahrt e.V. Inc.* befindet sich achtern, das ist dort, wo man, zum Wasser herabblickend einen wirren Wirbelstrom entdecken kann, der von der Schiffsschraube verursacht, aber nicht behoben wird. Im Falle einer Beerdigung werden schwere Findlinge, die im Verhältnis 1:0,5 Passagier:Findlinge unter Deck eingelagert werden, in exakter Anzahl der betrauerten dort von Bord geworfen und über die Anzahl der Lebensjahre lang ertönt das Schiffshorn. Während die Findlinge die Schiffsschraube beschädigen, bemerkt man an der Brücke einen Geschwindigkeitsverlust, der in einem Gespräch mit dem Maschinenraum mündet. Ein ausgiebiger Alkoholtest aller BesatzungsmitgliederInnen

(„Crew") bestätigt dann dem schiffseigenen Finanzamt, dass entweder ein alkoholisierter oder ein nicht-alkoholisierter Geschwindigkeitsverlust vorliegt.

Aufgrund der Annahme, dass stets mindestens zwei falsche respektive blinde PassagierInnen an Bord sind, lagern einskommafünf Findlinge in der Kajüte des Kapitäns. Apropos Kapitän: An Bord der *Phoenix MS & Kreuzfahrt e.V. Inc.* wird der Kapitän auf Basis der vier Grundsätze

- frei

- gleich

- allgemein

- unmittelbar und

- geheim

gewählt. Die Frage, welche beiden Grundsätze vor dem Hintergrund der ethymologischen Identität „Republik" / Res Publika / »öffentlicher Gegenstand« äquivalent sind und deshalb durch einen dritten Begriff ersetzt werden müssen, behalte ich Ihnen vor. Der irische Reiseleiter beißt mir in's rechte Ohrläppchen und weckt mich aus meinem Tagtraum. Sofort alarmiere ich mein Spiegelbild auf der anderen Seite der Reling: „Sind wir vorhin wirklich von Bord gegangen, wie der kleine Junge sagte, und liegen am Grunde des Hafenbeckens?!". »Nein!«, lasse ich mein Spiegelbild antworten, indem ich den irischen Reiseleiter mit den sprachlichen Abwehrmechanismen der hiesigen Sprache vertraut mache. »Yeah it's good, I'm okay«, antwortet der und beißt in ein Wassereis, das der Form nach mir nachgebildet worden war. Mein Oberkörper verschwindet in seiner Kauluke und ich versuche mich abzuwenden: erstmals schaue ich die Reling in die andere Richtung herab und erkenne, dass sie dort entweder noch genau einen halben Meter weit reicht bis zu einer Bordwand, hinter der sich offenbar ein Lagerraum für Rettungsringe verbirgt oder ein bis zum Fluchtpunkt dessen reichendes Rätsel darstellt, das zu lösen mir der Reiseleiter ursprünglich in eine Vene gestochen hatte.

»Gut, ok«, flüstere ich, ohne zu wissen, ob mir jemand Aufmerksamkeit schenkt, »ich nehme das Mandat an!«. Sofort erscheint der Kapitän vor mir und versucht, den Pappaufsteller in Form des irischen Reiseleiters hinter seinem Oberkörper zu verstecken, was natürlich insofern zum Scheitern

„verurteilt" war als dass beide in etwa gleich groß und der Pappaufsteller in Lebensgröße hergestellt worden war.

Pappaufsteller werden auf der *MS daneben* in einem eigenen Raum hergestellt, der neben dem Maschinenraum angesiedelt ist. Da der Maschinenraum das komplette Unterdeck achtern einnimmt und die schweren Zylinder mit entsprechend schweren Findlingen weiter vorn' im Schiffsrumpf ausgeglichen wurden, sank die *Phoenix MS & Kreuzfahrt e.V. Inc.* spontan vor meinem inneren Aug'. Den Kapitän informierte ich nüchtern darüber, dass er sich in einer Straßenbahn in Richtung Vorstadt, jenseits des Stadions, aber auch jenseits der Universität, nicht aber jenseits der Fachhochschule befand und bald seinem grimmigen Vorgesetzten würde begegnen müssen. Andererseits konnte ich mitteilen, dass eine Woche lang den Vorgesetzten zu ignorieren und nur zu antworten keinen Nachteil mit sich brächte, was die Arbeitnehmer-/Arbeitgeber-Beziehung betrifft. Sowieso ist in der Beziehung zwischen Kapitän und seiner Reederei das Ablegen der wichtigste Zeitpunkt. Deshalb stehe ich starr an der Reling und Blicke auf den halb sichtbaren

Fluchtpunkt jenseits der durchsichtigen Bordwand.

»Interessant«, murmelt der Reiseleiter und
summt die irische Nationalhymne. »Kafkas Leser-
schaft hatte sich nicht nur für dessen Texte interessiert, sondern produzierte selbst Text, der die
Umstände Kafkas Schreibnot zu klären als Ziel
vorzugeben schien, wobei dessen Publikum nicht
exakt jenen Ziels bewusst gewesen zu sein
scheint, sondern vielmehr es als Pflicht erachtete,
ob der grauenhaften Texte selbst aktiv zu werden«.

»Nein«, antwortete ich und bluffte eigentlich,
wusste aber auch um den Umstand der Ignoriert-
heit des Autoren Kafka in dessen Findungsphase,
dass also Kafka durch sein Schreiben eine Er-
kenntnis hervorgerufen haben muss, die dazu
führte, dass seine Lesendenschar sich verpflichtet
sah, ebenfalls, so, wie Kafka selbst, zu leiden.

SEČHSUNDZWANZIGSTE ZÆSUR

Kafkas Werk war unvollendet und das obige
»čh« möchte ich als frigativlaut interpretiert
wissen.

Satzzeichen in das Buch passt ja überhaupt

nicht ´rein in die DHL-Paketbox (intellektuell), wie

anstrengend es sein kann, ein Buch zu schreiben.

ZÄSUR SIEBENUNDZWANZIG

Ende des Texts!! («endl; %%)

Nachdem die »»MS daneben«« endlich
vollständig mit Wasser gefüllt worden war,
konnte sie endlich auslaufen. Dabei wurde
der Mann an der Reling in das Hafenbecken
gespült, wo er nun auf die Abfahrt eines
Taxis warten muss.

ZÄSUR ACHTUNDZWANZIG

Taxiunternehmung Stauraum

In der Architektur, aber auch im
Produktdesign lehrt man sich, dass die Form
dem Zweck folge, man sagt englisch dazu
„Form follows function“.
Formelle Zwänge kann man aber auch
aufbrechen, zum Beispiel endet die zweite

Auflage diesen Werks mit dem Stilbruch zu den vorherigen Seiten, dass zwei Zäsuren auf einer Seite stattfinden.

Sogenannte „Endzäsur"

(neunundzwanzig)

Was finden Sie schöner, Berlin oder Paris?